「地図の読み方」特捜班

日本地図のおもしろい読み方

扶桑社文庫
0489

はじめに

世界地図とは違って日本の地図なら、細かい市町村の場所はわからなくても、おおよそ把握している、と思っている人が多いのではないでしょうか。しかし、あなたは、誰もが知っている富士山の静岡と山梨の県境線が途中消えていることを知っていますか？　また、東北地方にある十和田湖が、いまだどの県にも属していない事実を知っていますか？　日本地図を注意深く見れば、意外な事実が刻印されていることに気付かされます。日本地図とは、私たちが生まれる以前からある日本の歴史そのものが、いまも色濃く刻み込まれている〝歴史の道標〟でもあるのです。

本書は、図版や写真を使いながら、数多くの日本地図に刻み込まれた驚きの事実を紹介しています。ドライブマップに使うだけではもったいない、日本地図のおもしろさを本書で存分に味わってください。次の日から、日本地図の見方がガラリと変わってくるはずです。

「地図の読み方」特捜班

目次

◉第2章◉

「都」、「府」以外は皆「県」なのに、なぜ北海道だけ「道」がつくのか？

聞かれると答えられない!? 地名にまつわる素朴な疑問

◉第3章◉ 月が同時に三つも見える場所が和歌山県にあった!

地図のなかに刻み込まれていた〝日本固有の自然〟

◉第4章◉ 女性が足を踏み入れてはいけない禁断の島が、まだ日本にあった!

地図のなかに脈々と息づく日本史の爪痕

◉第5章◉

どうやっても改札口から出られない不思議な駅・海芝浦駅

日本地図上に張りめぐらされた鉄道路線の摩訶不思議な場所

◉ 第 1 章 ◉

富士山にある県境線は、なぜ途中で消えてしまっているのか？

日本地図をじっくり眺めると見えてくる、県境・境界線・飛び地の不思議

富士山にある県境線は、なぜ途中で消えてしまっているのか？

富士山の山頂付近には、途中で県境線が消えている部分がある。

日本の最高峰・富士山が、静岡県と山梨県の県境に位置していることは多くの人が知っている事実だが、山頂を通るようにほぼ東西に境界線が引かれている。ところが、眼を凝らして地図をよく見てみると、山頂付近から東へ一〇キロほどにわたって境界線が消えていることに気づく。つまり、その場所はどちらの県になるのかわからないのだ。

日本の象徴ともいえる富士山の山頂付近が、はたしてどの県に属するのか誰もが気になるところだろうが、ここでまず、山の領有をめぐる歴史を見てみたい。

戦前までは、軍事上の理由などで国が富士山の山頂付近を管理していた。だが、戦後になると富士山本宮浅間大社《ほんぐうせんげんたいしゃ》が所有権を主張して訴訟を起こし、富士山の八合目以上を浅間大社のご神体として認めるという判決が出された。徳川家康が八合目以上を大社に寄進したという事実を示す古文書をもとに起こされたこの裁判は、約三〇年もの長い期間をかけて最高裁まで争われたが、結局、一部分を除いて大社に無償譲与されている。

富士山の領有を認められた浅間大社は、全国一三〇〇社の浅間神社総本宮として知られ、その起源は紀元前にさかのぼる。

第七代孝霊《こうれい》天皇の時代に富士山が噴火して周辺住民は離散し、荒れ果てた状態が長期におよんだ。すると第一一代垂仁《すいにん》天皇がこれを憂い、紀元前二七年に浅間《あさま》大神《おおかみ》を富士山山麓に祀《まつ》り鎮《しず》めたという。

主祭神は浅間大神と木花之佐久夜毘売《このはなのさくやひめ》命《みこと》。木花之佐久夜毘売命は大山祇神《おおやまづみのかみ》の息女《そくじょ》で、瓊々杵尊《ににぎのみこと》の皇后となった女神だ。家庭円満・安産・子安・水徳の神として、

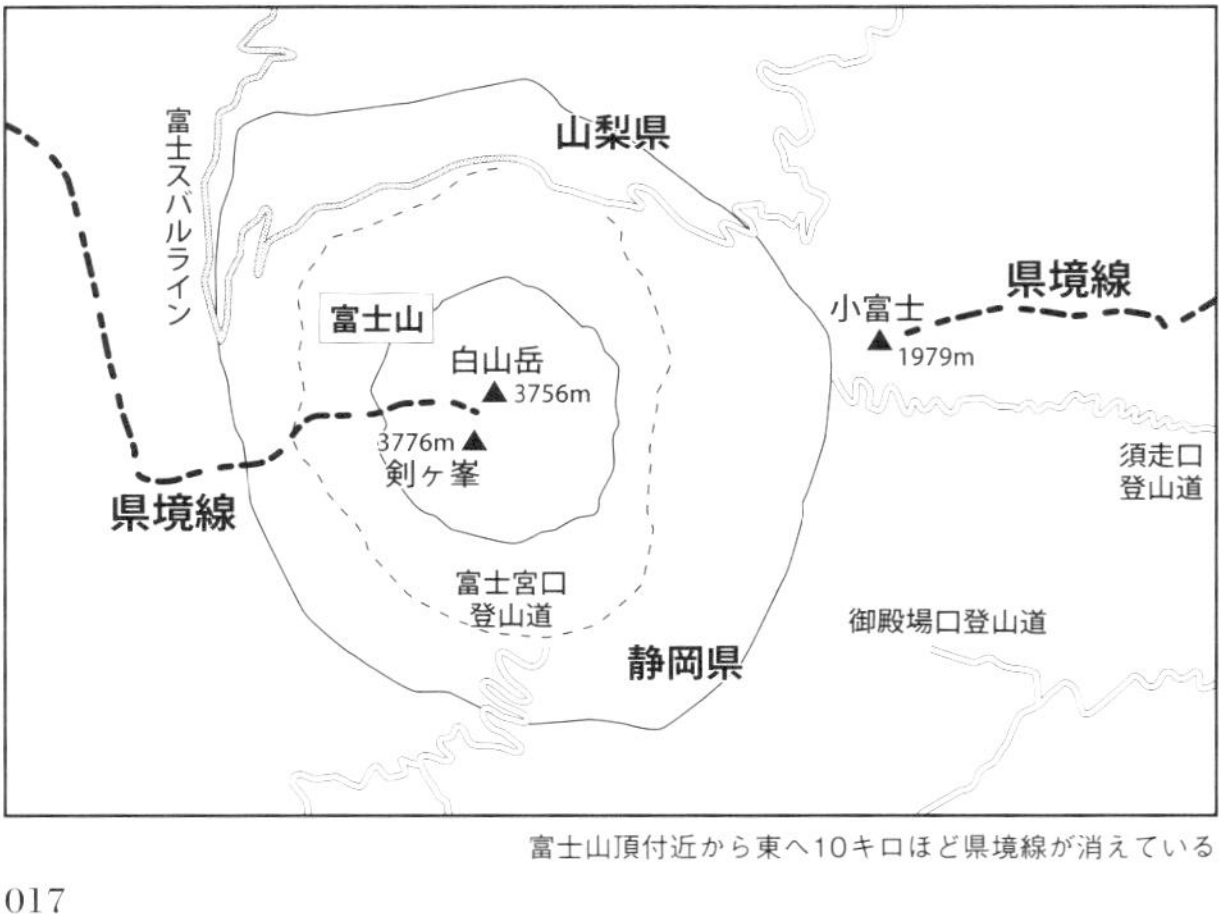

富士山頂付近から東へ10キロほど県境線が消えている

全国的に崇敬《すうけい》を集めている。

長い裁判によって、富士山の山頂の所有権は確定した。しかし、富士山の山頂が静岡県なのか山梨県なのか、もしくは両県の共有地なのかという問題はいまだ解決していない。これはいったいどういうことなのだろうか。

じつは、地籍が確定していないために、山頂がどちらの県に帰属するのかは定まっておらず、その結果、境界線を引くことができないでいるのだ。

境界線問題は富士山山頂だけにかぎったことではない。それどころか、境界線問題を抱えていない県は一つもないといわれるほど、境界線を争う問題はどこにでも存在するのだ。問題解決を難しくしている理由としては、境界線問題は利権と複雑に絡み合うこともあげられる。

二〇〇六（平成一八）年に浅間大社は遷座一二〇〇年目を迎え、富士山の世界遺産登録を目指している。そんないまだからこそ、山頂にまつわる問題も早くスッキリと解決させたいものだ。

奈良県と三重県のなかに、なぜか和歌山県がある摩《ま》訶《か》不思議

和歌山県南東部にある新宮《しんぐう》市は熊野川の河口に位置し、熊野信仰の中心地として栄えた歴史豊かな町だ。二〇〇四（平成一六）年には、付近にある「紀伊山地の霊場と参詣道」が世界遺産として登録され、大きな注目を集めた。

そんな新宮市に、なんとも不思議な土地が存在する。奈良県と三重県に囲まれた場所にあって、和歌山県とまったく接していない場所にも新宮市の一部があるのだ。このように、まるで島のように飛び離れた土地のことを「飛び地」という。

その飛び地はかつて新宮市ではなく、和歌山県東牟《む》婁《ろ》郡熊野川町に属していた。熊野川町本体は和歌山県域にあったが、なぜか一部のみが和歌山県域の外にあったのだ。そして、二〇〇五（平成一七）年一〇月一日に熊野川町本体が新宮市と合併したために、飛び地も新宮市の一部になったのである。

現在、ここは新宮市であるにもかかわらず、住民が新宮市役所に出かけるには県境を越えなければならない。飛び地は全国に数多く見られるが、県境を越えなけれ

ば市役所へ行けないのは全国的にもめずらしい。

そして、和歌山県にはもう一つべつの飛び地、和歌山県東牟婁郡北山村がある。面積は四八・二平方キロで東京都練馬区とほぼ同じ。人口五七〇人程度の小さな村だ。

この北山村も周囲を奈良県と三重県に囲まれていて、和歌山県のどの市町村とも接していない。しかも、全国にある飛び地は新宮市のように市町村の一部が本家と分離しているケースがほとんどだが、そのなかで唯一この北山村だけは、村が丸ごと飛び地になっているのだ。

奈良・三重の県境にある和歌山県の飛び地

では、いったいどうしてこんな状態になったのだろうか。

旧熊野川町の一部も北山村も、飛び地になったのは明治時代のこと。県境が変更され、かつての紀州藩の一部が奈良県に移ったために飛び地になったのだ。

北山村に関しては、はじめは周囲の

地域とともに奈良県に移される計画だったが、住民が「わたしたちも和歌山県に入れて！」と強く要望したため、現在のような飛び地になったのだという。

その背景には、北山村と新宮市との強い結びつきがある。北山村は良質の杉に恵まれ、古くから林業で栄えてきた。新宮市は北山村で伐採された木材の集積地であり、両者は切っても切れない関係にあったのだ。その新宮市が和歌山県に編入されることになったため、住民は奈良県ではなく和歌山県への編入を希望したという。

一見奇妙な飛び地の誕生には、こうしたさまざまな地元の事情が関係していたのだ。

静岡県と長野県は、なんと綱引きで県境を決めていた！

「国盗り合戦」といえば群雄割拠《ぐんゆうかっきょ》の戦国時代をイメージする人も多いだろうが、二一世紀の現代にあってもなお、県境で〝領土争い〟をしている地域がある。

それは長野県と静岡県。毎年一〇月の最終日曜日、両県の県境にある兵越峠《ひょうごしとうげ》では、信州軍（長野県飯田市旧南信濃村）と遠州軍（静岡県浜松市旧水窪町）が綱引きで県境を決定する「峠の国盗り綱引き合戦」がおこなわれている。両軍とも商工会青年部の力自慢一五人ずつが出場し、綱引きで勝ったほうが相手側へ領土を一メートルだけ広げられるというものだ。

そもそも両県がライバル関係となったのは戦国時代のこと。信州遠山氏と遠州奥山氏は、旧南信濃村と旧水窪町とを横断する古道・秋葉街道を挟んで敵対していた。そんな因縁の歴史が現代まで引き継がれ、両町村の住民たちは何かにつけて対抗意識を燃やしてきたのだ。

そして一九八七（昭和六二）年、地域文化研究家の加藤伸幸氏によって綱引きによる国盗り合戦が提案される。それまでは両町村の商工会青年部が隣町同士の親交をはかる目的で野球大会などをおこなってきたが、より盛大な地域イベントができないかと考え、県境をかけての綱引き勝負というアイデアが誕生したのだ。

綱引きで定められる県境は行政上の境界ではなく、国盗り合戦でのみ有効なものだが、メディアに取り上げられるうちに話題となり、合戦に臨む両町村の意気込みは徐々にヒートアップしている。遠州軍は綱引きの全国大会に出場するほどの実力をつけ、信州軍もブルドーザーを相手に練習するなど努力を惜しまない。

二〇〇七（平成一九）年におこなわれた第二一回大会では遠州軍が勝ち、第一回大会からの対戦成績は信州軍の一一勝、遠州軍の一〇勝となっている。信州軍の合言葉は「太平洋を信州に！」で、六万五〇〇〇年間勝ちつづければ太平洋を領土にできるのだという。遠州側としても、通算で一メートル分広く盗られている領土の挽回をはかりたいところだ。

「峠の国盗り綱引き合戦」当日は、綱引きのほかにも一般客による交流試合や地元の子どもたちによる綱引きなどもおこなわれ、大人から子どもまで誰もが参加できる楽しいイベントとなっている。過疎化の深刻な自治体は、村おこしの成功例として参考にするのもいいかもしれない。

「市」でありながら、ついに東京都と同じ大きさになってしまった新・高山市

岐阜県北部にある高山市は、山や川などの自然景観や碁盤の目状の街並みが京都に似ており、「小京都」の一つとしても親しまれている。

ここはもともと金森長近《かなもりながちか》によって開かれた城下町だった。一五八六（天正一四）年に飛騨国三万三〇〇〇石の国主として入府した長近は、その二年後から高山城の建設をはじめ、一六〇〇（慶長五）年までの一二年間で本丸や二の丸を築き、それから三年後に三の丸を完成させた。当時、高山城は日本で三指に入る名城とされていたという。

長近は同時に、城下町の工事にも積極的に取り組んだ。城を囲む高台を武家の町、そこより一段低いところを町人の町として、京都になぞらえて東山に寺院郡を設けるなど、町の整備に力を注いだのだ。金森氏による統治は、長近の入府から六代、一〇七年間にわたってつづいたが、こうした街づくりが現在の小京都の面影につながったわけだ。

江戸中期になると金森氏は移封となり、高山は幕府の直轄領にされた。高山城には金沢藩主・前田綱紀《つなのり》が在藩を命じられたが、やがて高山城破却の命令が出されて取り壊しとなり、現在、その跡地は緑豊かな公園となっている。

高山市の原型となった高山町は、一八七五（明治八）年に高山一之町村、二之町村、三之町村が合併して誕生した。これは岐阜県ではもっとも大きい町だった。

一九二六（大正一五）年には灘村を合併し、さらに一九三六（昭和一一）年には大名田町を合併して高山市となった。その後も上枝村、大八賀《おおはちが》村を合併、高山市はどんどん巨大化していく。

そして二〇〇五（平成一七）年二月一日、また新たな合併がおこなわれた。久々野《くぐの》町、丹生川《にゅうかわ》村、清見村、荘川《しょうかわ》村、宮村、朝日村、高根村、国府町、上宝《かみたから》村という九つの町村が高山市と合併し、新しい高山市が生まれたのである。

こうして誕生した新・高山市は、北海道の足寄《あしょろ》町を抜いて日本一広い市町村となった。合併後の面積は二一七七・六七平方キロで、東西約八一キロ、南北約五五キロにもおよぶ。その面積はなんと、東京都の面積に匹敵するほどだ。

ただし、この広域合併でも隣に接する白川村を合併することはなかった。世界文化遺産として登録されている白川郷のあるこの村は、どちらかといえば岐阜県よりも富山県との結びつきが強いといわれる。いくら巨大化をつづける高山市とはいえ、さすがにこれ以上合併してしまうのは〝やりすぎ〟と感じたのかもしれない。

いったいどこにある？東日本と西日本の境界線

「明日の天気は、東日本はおおむね晴れるでしょう。しかし、西日本は雨や曇りのところが多くなります」

天気予報でもおなじみのように、日本では地域区分を「東日本」と「西日本」であらわすことが多いが、東日本と西日本の境界線はいったいどこにあるのだろうか。

結論からいえば、それに明確な基準があるわけではない。

冒頭にあげたような天気予報の場合、東海、北陸から東を東日本と呼び、それより西を西日本と呼んでいる。

一方、電気の周波数が東日本と西日本で違うことはよく知られている。新潟県の糸魚川《いとい》から静岡県の富士川付近を境に東日本と西日本を分け、それぞれ周波数を五〇ヘルツと六〇ヘルツに定めている。

これは、明治時代に当時の電力会社が関東でドイツ製発電機、関西でアメリカ製発電機という周波数の違う発電機を独自に使用したことに由来しているといわれる。

また、地質学的には新潟県と富山県の境である親不知《おやしらず》から静岡県の安倍川に至る大断層線、いわゆる糸魚川静岡構造線が東日本と西日本の境界線だとされている。

さらに、食事の味つけにも東日本と西日本の違いがある。東と西では「だし」が違うのだ。たとえば、うどんで使うつゆの味つけの境界線は岐阜県の関ヶ原あたりで、そこを境に東側のうどん屋では関東風のだしが、西側では関西風のだしが使われているという噂まである。

このように、東日本と西日本の境界線は、天気予報や電気の周波数、味つけなど、それぞれの分野ごとに異なっているのが現状なのだ。

一般的には、東日本といえば中部地方より東の北海道・東北・関東地方を指し、西日本といえば中部地方より西の近畿・中国・四国・九州地方を指すことが多いようだ。しかし、その場合にも疑問が残る。ちょうど境界にある中部地方はどちらに属するのか。静岡・山梨・長野・富山・石川・福井・岐阜・愛知・三重・新潟といったあたりはグレーゾーンとされていて、どうもはっきりしない。

東日本、西日本とはべつに、「関東」「関西」というのもよく使われる地域区分だ。現在では東京都を中心に、神奈川・埼玉・千葉・群馬・栃木・茨城の一都六県を関東と呼んでいる。大化の改新の頃には三重県、岐阜県、福井県の県境に設けられた関の東側を指していたという。そして、平安時代以降は静岡県と神奈川県の県境にある箱根峠および足柄《あしがら》峠、長野県と群馬県の県境にある碓氷《うすい》峠を結ぶ線から東側、いまの東北地方にあたる陸奥《むつ》より南側のことを指すようになった。

これに対して関西とは、古くは近江の逢坂関《おうさかのせき》より西を指していたが、現在では大阪府、京都府、滋賀県、兵庫県、奈良県、和歌山県を指し、統計資料によっては三重県と福井県を含む場合もあるようだ。

ひと口に東、西といっても、そこには簡単には割り切れない複雑な事情があるのだ。

十和田湖《とわだ》だけが、いまだにどこの県にも属さないのはいったいどーして？

青森と秋田の県境に位置する十和田湖は、面積五九・八平方キロ、湖周約四四キロ、最大深度三二七メートルのカルデラ湖だ。周囲をブナやカエデ、ナラなどの樹木に囲まれているために紅葉の名所としても知られ、湖の東口、子ノ口《ねのくち》から焼山に至る奥入瀬《おいらせ》渓谷とともに東北有数の観光地となっている。

観光の中心は南岸にある秋田県小坂町の休屋《やすみや》で、バスターミナルを中心に旅館、食堂、土産物店が並び、科学博物館や淡水魚水族館もある。そして休屋の北の御前ヶ浜には、十和田湖のシンボルともいうべき高村光太郎作「乙女の像」が立っている。休屋から子ノ口までは遊覧船が運航しており、湖上から紅葉を楽しむ人も多い。

このように、全国的にもその名が知られている十和田湖だが、じつはこの湖、どの市町村に属するかがはっきりしていない。国土地理院発行の地形図でも十和田湖の南北二地点で途切れ、境界線が明記されていないのだ。

そもそもこの十和田湖は、藩政時代は南部藩の領内にあった。そして、明治時代の廃藩置県後に南部藩は三分割され、北側は青森県に、湖南西部は秋田県に編入された。ところがこのとき、湖の境界は決められなかったのだという。一九六三（昭和三八）年、両県は湖の面積を「青森六・秋田四」の割合で分けることに合意。しかし、その二年後には撤回されてしまう。

その結果、現在は県境を流れる神田川の北側が青森県十和田市（旧十和田湖町）、南側が秋田県小坂町とされている。ただしこれは、正式な行政区画ではなく、あくまでも慣行上のものだ。

十和田市と小坂町のあいだでは、十和田湖上のあいまいな境界線が原因となり、地方交付税や湖の漁業権をめぐる問題がもち上がることがあるという。地方交付税は湖の面積によって支給される額が変わるし、ワカサギやヒメマスなどの漁業収益も魅力的だ。しかし現状では、境界線の問題はいまだ宙に浮いたままとなっているのである。業を煮やした両県民からは、「境界問題がこのままでいいというわけはない」との意見が寄せられたこともあったという。

ただ、十和田市と小坂町のあいだでは現在、この問題に向けた話し合いの場もしっかりと設けられており、互いに築き上げてきた関係を悪化させることのないような形での決着を見る日が、ようやく現実のものになりつつあるということだ。

ギネスブックにも認定された、海のなかに郵便ポストがある町とは、どこだ?

日本には全国至るところに郵便ポストがあり、何不自由なくはがきや手紙を送ることができる。これは、郵政事業の発達した国だからこそ可能なシステムといえよう。

そんな日本で、もっとも風変わりな場所に設置されているのが「海中郵便ポスト」だ。一九九九（平成一一）年、和歌山県すさみ町沖の水深一〇メートルの海中に、重さ八〇キロの円柱形をした赤い郵便ポストが設置されたのだ。このユニークなアイデアは地元の郵便局長の提案によるもので、「世界一深い場所にある郵便ポスト」としてギネスブックにも認定され、話題となった。

すさみ町はもともと豊かな海に面し、漁業をおもな産業とする町だった。しかし、年々水揚げ高が減少。「これではいかん」と、水産資源を活かした町の観光に力を入れるようになり、町をあげてさまざまなイベントを企画して観光客誘致をおこなった。

海中郵便ポストの設置も、この町お

すさみ町沖にある「海中郵便ポスト」

こしの一環として考えられた企画だったが、はじめから順風満帆というわけではなかった。企画立案当時は、多額の投資に見合う効果が本当に期待できるのかといった疑問の声もあがったそうで、ここに至るまでには関係者たちの並々ならぬ努力を要した。たとえばクリスマスシーズンには、サンタクロースの衣装を着たダイバーが海に潜り、はがきをポストに投函するなどのパフォーマンスをおこなったという。

その甲斐あってか、話を聞きつけたダイバーたちが数多くすさみ町を訪れるようになり、二〇〇五（平成一七）年には海中ポストへの投函数が二万通を越えた。

すさみ町で売られている専用はがきを海中ポストに投函すれば、地元のダイバーが回収して全国に向けて配達されるという仕組みで、別料金を支払えばエアメールも可能だ。もちろん、一枚一五〇円の専用はがきは特殊加工が施されているため、海水に浸っても読めなくなる心配はない。

読者には、すさみ町近辺を訪れた際にはぜひ、この海中郵便ポストを一度利用してみることをお勧めしたい。はがきや手紙を送った人も受け取った人も、いい思い出になることだろう。

〝平成大合併〟の難しさの象徴、青森県津軽半島は飛び地だらけ！

市町村間の合併ブームはこれまでにも何度か起きているが、一九九九（平成一一）年頃から二〇〇六（平成一八）年頃にかけて起きたのが、いわゆる「平成の大合併」だ。合併する自治体に財政支援をおこなうなど、国が合併を推進する政策をとったことがブームの原因となったのだ。

だが実際に合併するとなると、当事者たちのあいだにはさまざまな考え方の違いが明確になる。利害関係の調整など、解決困難な諸問題が浮上してくるのだ。そのため、合併の誘いを受けても拒否したり、一度はＯＫしても話し合いの途中で「ウチはおりるよ」と離脱する自治体も少なくなかった。

そんな状況を象徴しているのが、青森県の北海道寄りにある津軽半島で、ここはまさに飛び地だらけの場所なのだ。平成の大合併の際、同じ地域で三組もの飛び地合併が成立してしまったために、こんな奇妙なことになったのである。

もちろん、最初から飛び地合併を意図したわけではない。当初の計画では、津軽半島の一〇市町村が二つの自治体に合併することになっていた。

ところが、その枠組みをめぐって各自治体の考え方がしだいに食い違うようになり、大型合併構想は実現しなかった。その代わりに、「五所川原《ごしょがわら》市」「中泊《なかどまり》町」「外ヶ浜町」という三組の飛び地合併が生じてしまったのだ。さらにこの地域には、三組の合併のどこにも加わることを拒否した「今別《いまべつ》町」と「蓬《よもぎ》田《だ》村」も存在している。

合併した三組のうち五所川原市は、旧五所川原市が金木《かなぎ》町、市浦村と合併して誕生した市だ。この地は鎌倉時代から室町時代にかけて漁港として栄え、幻の中世都市「十三湊《とさみなと》」があったことでも知られている。現在は自然豊かな田園都市で、津軽半島の商工業の中心都市となっている。

また、中泊町は中里《なかさと》町と小泊《こどまり》村が合併して誕生した。津軽半島の自然に恵まれ

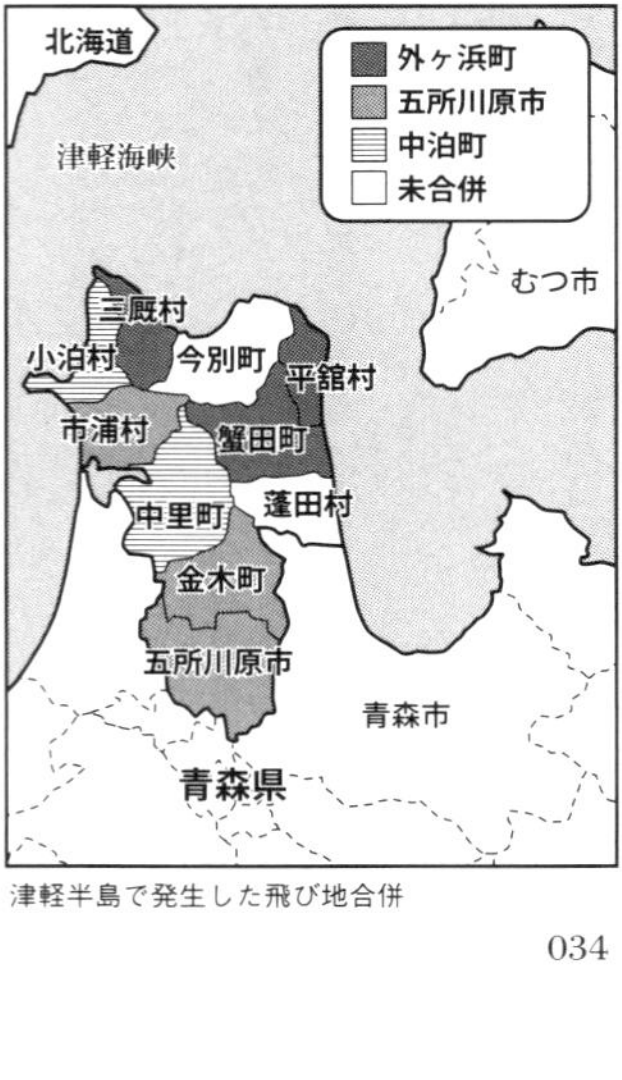

津軽半島で発生した飛び地合併

たこの地域は農業が盛んで、津軽鉄道の終着地点としても知られている。

そして三組めの外ヶ浜町は、蟹田《かにた》町、三厩《みんまや》村、平舘《たいらだて》村が合併して誕生した。この町は津軽国定公園竜飛《たっぴ》崎をはじめ、風光明媚《ふうこうめいび》な景観をもち、農業、漁業などが広くおこなわれている。

津軽半島の地図を見るとわかるように、五所川原市の旧金木町と旧市浦村のあいだには、中泊町に属する旧中里町がある。つまり、同じ中泊町なのに、旧中里町と旧小泊村は五所川原市の旧市浦村によって隔てられているのである。五所川原市にとっても中泊町にとっても、完全な飛び地というわけだ。

そのため五所川原市では、旧市浦村の住民のために旧金木町を経由して市役所へ向かう連絡バスを走らせるなど、弊害が出ないよう住民サービスに努めている。

この不自然な飛び地を解消しようとする動きがまったくないわけではないが、現在のところは合併後の調整が最優先で、そこまでは手がまわらないようだ。新たに広域合併を進めるメドも、いまのところ立ってはいない。

瀬戸内海に浮かぶ小さな島が、「石島《いしま》」と「井島《いしま》」の二つの名前をもつ理由とは？

岡山県玉野市胸上《むねあげ》港の南約五キロ、瀬戸内海沖に浮かぶ島「いしま」。ここは面積〇・八二平方キロ、周囲二・三キロ、人口約一二〇名余りの小さな島だが、島名を漢字で書くとなるとじつに厄介《やっかい》で、一つの島なのに「石島」「井島」という二つの表記があるのだ。

定期航路もないこの小さな島が、なぜこのような奇妙なことになっているのかというと、ここに岡山県と香川県の県境があるからだ。「石島」とは岡山での呼び方であり、「井島」は香川での呼び方である。小さな島が二つの県に分断されているのだ。

では、どうしてここまで小さな島を二分しなければならなかったのかというと、それは、瀬戸内海と関係がある。

元禄時代（一六八八〜一七〇四年）、この島は瀬戸内海の漁場をめぐり、備前《びぜん》岡山藩胸上村と讃岐《さぬき》側の天領だった直島《なおしま》のあいだで領有が争われた。そして二度にわたった訴訟のすえ、現在の県境のもとになった境界が確定したのだ。岡山県と香川県は瀬戸内海を隔てているため県境は海上にしかないと思われがちだが、このように、「陸上の県境」も存在しているのである。

これと同じような例は、岡山県玉野市と香川県高松市の県境に位置する大槌島《おおづちじま》でもみられる。ここの場合も、やはり瀬戸内の豊かな海が原因で、双方が領有権を主張したために、島を折半することになったのだ。

「いしま」では元禄時代に旧胸上村からの移住がはじまり、開拓がおこなわれたが、現在は島の南側に位置する香川県直

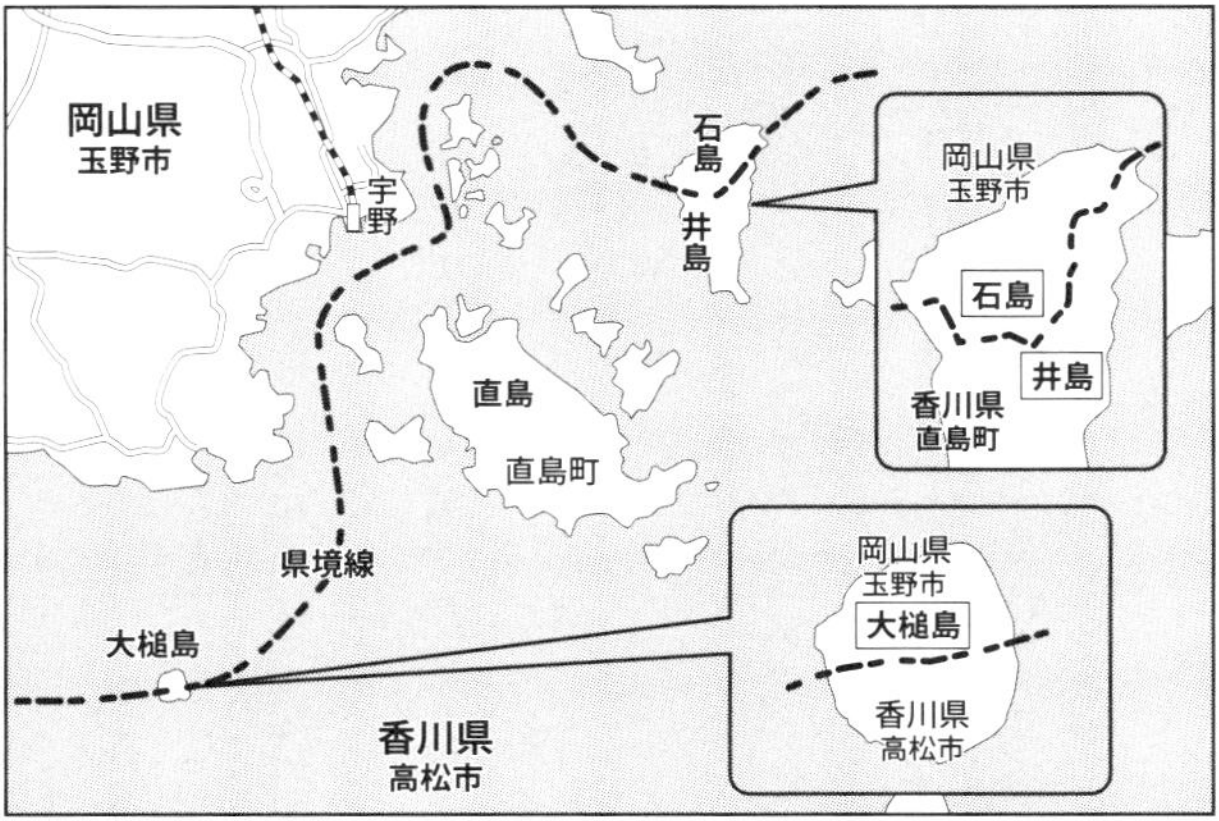

２つの島を分断する岡山・香川の県境線

島町の地域には人が住んでいない。ここは漁業がおもな産業で、とくに海苔の養殖が盛んな島でもある。

石島と井島という二つの名前をもつようになったのは元禄時代のことだが、この島の歴史はとても古い。島の南端にある鞍掛鼻《くらかけばな》遺跡は瀬戸内旧石器編年の基準遺跡で、石器や土器片なども出土していて古墳も三基ある。

ただし、その時代に領有権争いなどはなく、一つの島に二つの名前が存在するようなヘンテコなことはなかったようだ。

新潟、山形の県境を挟んでなぜか「朝日」のつく町村が三つもあった珍妙

「大和」「東」「池田」「大島」「大野」「吉田」など、日本には同じ地名の市町村が数多くある。しかし、同じ地名の場所が二つどころか三つも隣合う、きわめてめずらしい地域がかつて存在していた。

にわかにはちょっと信じられないかもしれないが、新潟と山形の県境の地図を見

てみよう。まず、山形県東田川郡と新潟県岩船郡にある二つの「朝日村」が県境を挟んで隣合っていることがわかるだろう。さらに山形県朝日村の東には、「朝日町」という町もある。同じ地域に「朝日」の名がついた場所が三つもあれば、不案内な人は必ずや混乱するはずだ。

しかし、いったいなぜこんな奇妙なことになったのだろうか。かつてこの地には「朝日藩」なる領地があって、それが三分割されたのではないかと考える人もいるかもしれないが、そうではない。

じつは昭和の大合併の際、それぞれ独自に「朝日」の名前を冠したまったく新しい町村がほぼ同時期に三つ誕生したの

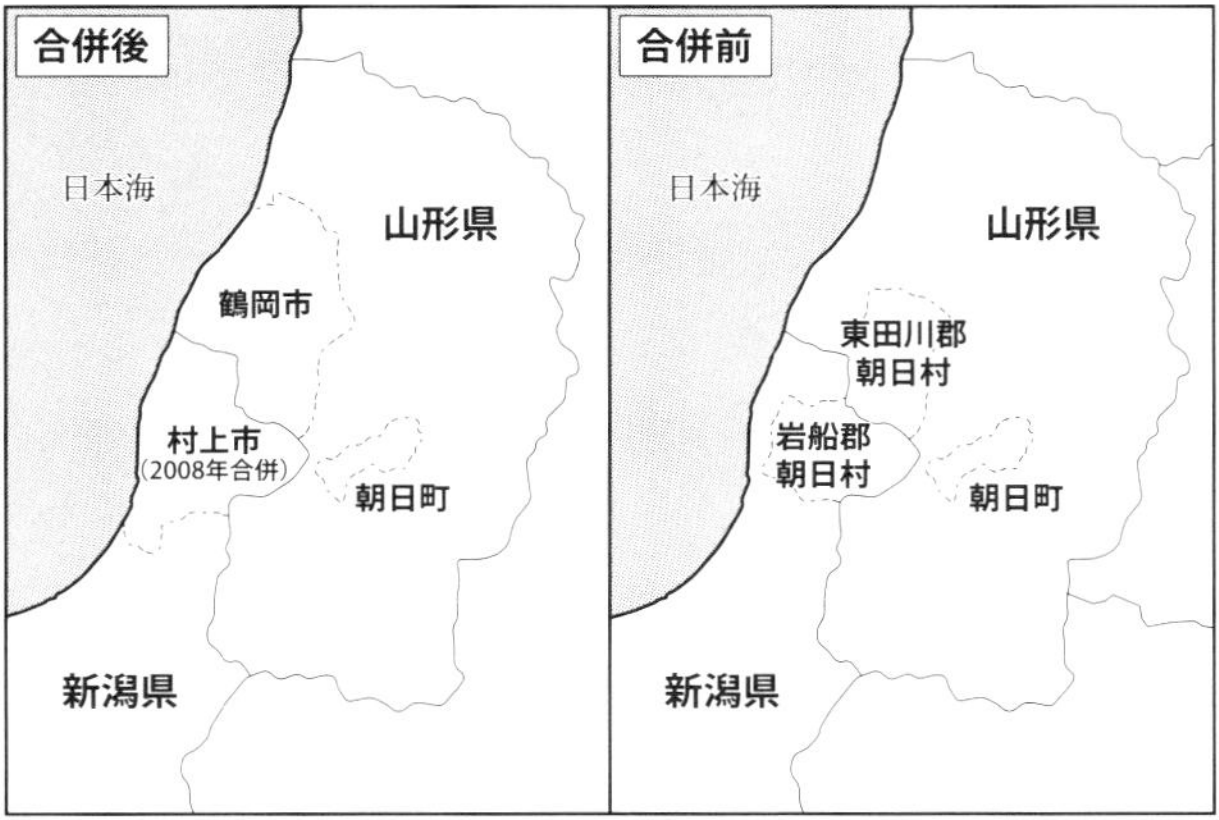

昭和の大合併で誕生した３つの「朝日」は2008年には１つだけに

である。

最初にできたのは山形県朝日村で、一九五四（昭和二九）年八月に成立している。そして二か月後に新潟県朝日村、その翌月には山形県朝日町が誕生した。

三町村の中心には朝日岳がそびえ立っており、それぞれ名前をつけるときにはこの山の名前をとったらしい。朝日岳のふもとの豊かな自然環境に加え、「朝日」からイメージされる縁起のよさが好まれた理由なのかもしれない。

それにしても、地域住民から同じ名前が隣合っていてまぎらわしいなどという意見は出なかったのだろうか。『新潟の？（はてな）』（朝日新聞新潟支局編著）によると、そんな疑問に対して新潟県の郷土史家・長谷川勲氏は、「朝日連峰はとても険しく、当時は道路が整備されていなかったので、山を越えての交流はほとんどなかった。だからとくに問題も起こらなかったのだろう」と答えたという。

ただし、山形県朝日村は二〇〇五（平成一七）年に鶴岡市と合併し、新潟県朝日村も二〇〇八（平成二〇）年に村上市と合併する。これによって、隣合う「朝日」と冠のつく三つの町村は一つだけとなり、以前のようなインパクトは薄れた。地図ファンにとっては、なんだか少し残念な話である。

人口が五万六〇〇〇人もいるのに、なぜ愛知県三好町は「町」なのか？

一般的なイメージからすると、町や村は市よりもずっと人口が少ないと思われがちだ。日本の地方公共団体は、人口の多い順に市・町・村とランクづけされているからである。

ところが、日本にはその規模をはるかに超えた人口をもつ町村が存在する。沖縄県の県都・那覇市に隣接する豊見城《とみぐすく》市を見てみよう。ここはいまでこそ「市」になっているものの、二〇〇二（平成一四）年までは「村」だった。当時の豊見城村は、「村」にもかかわらず、なんと四万六〇〇〇人もの人口を有し、少なくとも一九九九（平成一一）年までは日本一人口の多い村として知られていたのだ。

これほど多くの人口があれば「町」へ昇格するのが通例だが、村民の意識調査をおこなった結果、昇格反対派が賛成派を上まわるという事態が発生。当局は町制への移行を断念せざるを得ず、「村」でありつづけたのだという。

そんな〝規格外〟の村だったせいか、豊見城村の役所は長年「村役場」ではなく「村役所」と名乗っていた。一九七二（昭和四七）年の本土復帰時、沖縄の町村は自治省から役場への名称変更を迫られたが、豊見城村はこれを無視。ほかの町村が名称を変えるのを尻目に、豊見城村はそれまでの伝統を守りつづけ、日本で唯一「村役所」を名乗りつづけたのである。

しかし、二〇〇二（平成一四）年に市昇格の要件である人口五万人をついに突破し、「村」からいきなり「市」に昇格。これにともない、全国で唯一掲げられていた「村役所」の看板も降ろすこととなった。

このように、沖縄県の豊見城村は市に昇格してしまったが、ほかにも「町」でありながら膨大な人口をかかえる自治体がいまもある。愛知県のほぼ中央に位置する「三好町」だ。

町制施行がおこなわれた一九五八（昭和三三）年四月、三好町の人口は九〇四三人にすぎなかった。だが、名古屋市や豊田市などに近くて交通の便もよいため、工業化や都市化が進み、二〇〇二（平成一四）年一二月には人口五万人に到達した。

二〇〇五（平成一七）年の国勢調査による人口の伸び率は愛知県で第一位、全国の市町村でも第五位。そして現在では、全国の町や村のなかでもっとも人口が多い、約五万六〇〇〇人の人々が住む町となっている（二〇〇七年一〇月現在）。

三好町では今後も人口の増加が見込まれており、二〇〇九（平成二一）年以降、早い段階での市への昇格を目指しているということだ。

日本の領海内にできてしまった、ポッカリあいたどこにも属さない海域

日本の領海を描いた地図を見てみると、真ん中にポッカリと穴があいた場所があることに気づく。この穴はいったいなんなのだろうか。どう見ても不自然に思えるのだが……。

じつはこれ、「公海」というものだ。海には「公海」と「領海」という考え方がある。領海とは国の領土と同じで、その国に属する海のこと。これに対して公海とは、特定の国に属さず、誰もが自由に行き来したり魚をとったりできる海のことを指している。

領海はもともと海岸から三海里とされていた。一海里は一八五二メートルだから、

三海里は五五五六メートル。領海を行き来したり魚をとったりするには、その国の許可が必要になる。

ところが一九五四（昭和二九）年、アメリカが自国近くで海底油田を発見すると、それを領有するために、領海を一二海里（約二二キロ）まで広げると宣言してしまった。そして、この出来事をきっかけに世界の領海規定に混乱が生じたため、国際機関は一九八二（昭和五七）年に「国際海洋条約」を発効。領海を正式に一二海里にするとともに、新たに「排他的経済水域」が定められた。これは、「陸地から二〇〇海里までの海は、その国が魚や漁業資源、鉱物資源などの天然資源

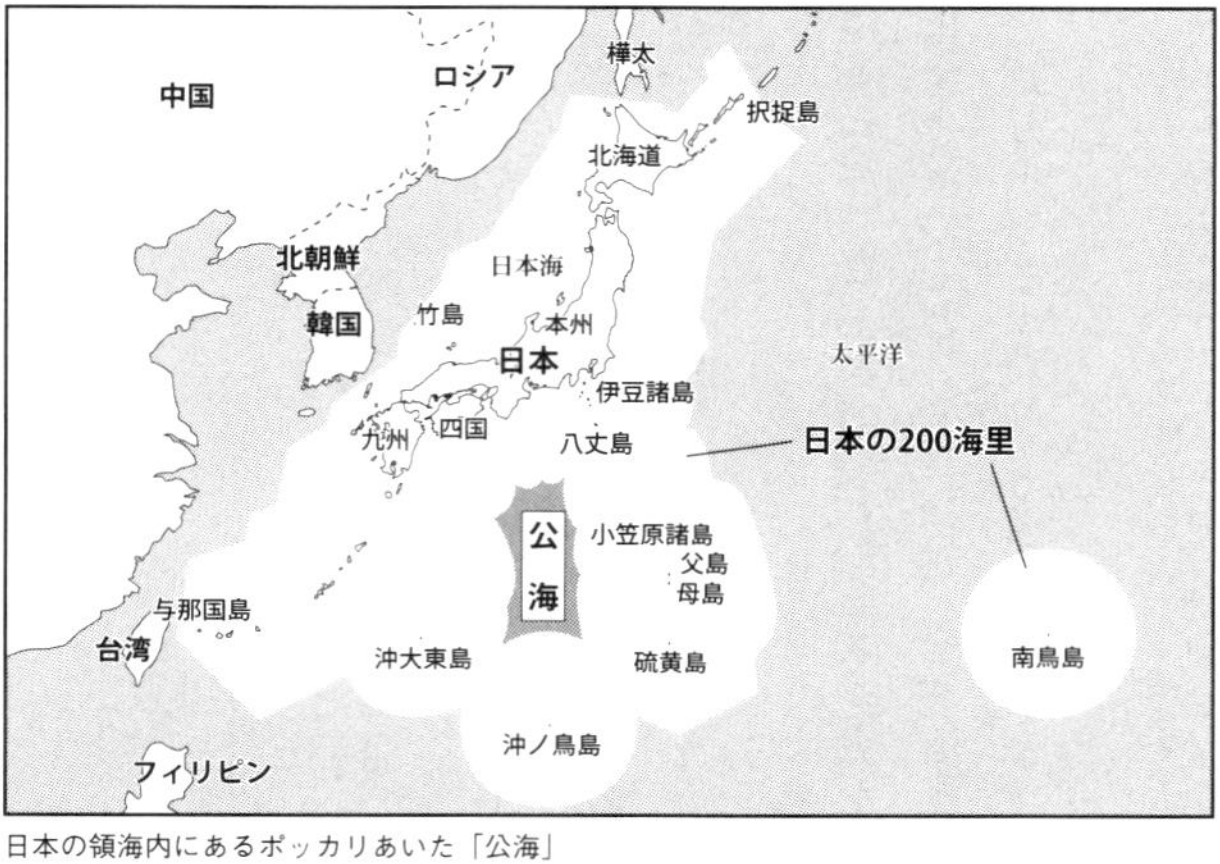

日本の領海内にあるポッカリあいた「公海」

をとったり管理したりする権利をもつ」というものだ。二〇〇海里ということは、約三七〇キロまでを自由に利用できることになる。

日本もこの取り決めをもとに、排他的経済水域を設定した。つまり、日本の海岸から一二海里までが領海、二〇〇海里までが排他的経済水域ということになる。

ところが、ここで困った問題が起こった。日本には本土から離れた島がたくさんある。そうした場所も日本の領土であるから、当然、領海と排他的経済水域を設定する必要が出てくるわけだが、そうやって計測していくと、どうしても領域の形がいびつになってしまうのだ。

周囲を日本の領海や排他的経済水域が囲んでいるのに、なぜかどこにも属さない場所。それが、地図上にポッカリとあいた穴の正体だったのである。

また、同じく日本の周囲の海を地図上で見てみると、ポツンと離れた場所に日本の領海と排他的経済水域が存在していることがわかる。これは、南鳥島があるおかげで設定された領域だ。南鳥島は小笠原諸島の一つだが、本州から遠く離れ、定住する住民もいない。しかし、それでも日本の領土には違いなく、周囲の海は領海および排他的経済水域となっているのだ。

ただし、日本と韓国のように、海を挟んだ互いの領域までの距離が短い場所もある。そうした場所で双方が二〇〇海里の排他的経済水域を主張すると、争いになってしまう可能性もある。両国の主張がぶつかった場合は、国同士で話し合いをおこない、それでもうまくいかないときには国際司法に決定をゆだねることになっている。

厚木基地は厚木市にないのに、なぜ「厚木基地」というのか？

在日アメリカ軍の是非については、昔からさまざまな主張がなされており、最近はアメリカ軍基地の再編をめぐって議論が戦わされている。騒音や安全性の見直しを指摘する人がいる一方で、アメリカ軍が滞在することによってもたらされる経済効果を強調する声もあり、いまだに解決の糸口が見えない。

アメリカ軍基地の多くは沖縄にあるが、首都圏に置かれている大規模な基地もある。神奈川県の厚木基地だ。

約五〇七ヘクタールの広大な敷地を有するこの基地は、滑走路や誘導路、格納庫、管制塔、住宅施設、倉庫、娯楽施設などを備えており、青森県の三沢基地や山口県の岩国基地とともに、日米共同使用基地の一つに数えられている。アメリカ軍だけではなく、日本の海上自衛隊の重要な機能（部隊）も集中している基地なのだ。

厚木基地の歴史は、一九三八（昭和一三）年に旧日本軍がこの地を航空基地に定めたことからはじまる。一九四一（昭和一六）年に帝都防衛海軍基地として使用が開始され、終戦によってアメリカ軍に接収された。そして、一九五〇（昭和二五）年にアメリカ陸軍からアメリカ海軍に移管されて以来、アメリカ第七艦隊の後方支援基地として現在に至っている。

このように、日米両国の重要な役割を担う厚木基地だが、「厚木」基地といいながら、どういうわけか厚木市にはない。厚木基地が置かれているのは、大和市、綾瀬市、海老名市の三市にまたがった地域なのだ。

では、どうして厚木市にないのに「厚木」という名称がついたのだろうか。

有力な説としては、大和市（旧大和村）や綾瀬市（旧綾瀬村）にくらべ、基地の西方四キロの場所に位置する厚木市（旧厚木町）は古くから宿場町として栄えており、その名が広く知られていた。そのため、厚木の地名を基地名に使用したというのだ。ただし、これは推測にすぎず、確たる証拠はない。

ほかには、軍事上の理由により所在を欺《あざむ》く必要があったからだとか、「大和基地」とすると戦艦大和や奈良の大和と混同しやすいからなどという説もある。

現在では、この厚木基地も人口密集地にあることから騒音問題を抱えており、基地と住民との共存が今後の大きな課題となっている。

「アルプス米」で知られる、日本でいちばん小さな村っていったいどこだ？

つい最近まで「日本一小さな村」だったのが、三重県の南端、熊野灘に面した鵜《う》殿《どの》村で、その面積わずか二・八八平方キロという狭さだった。この面積は、東京ディズニーランド四個分とほぼ同じだというから、そのコンパクトさが想像できるだろう。

鵜殿は、古くは熊野水軍の本拠地の一つだった。その後一八八九（明治二二）年の町村制実施時には、近隣の井田《いだ》村や神内《かみうち》村と合併して宇和野《うわの》村となったが、それから五年後に宇和野村から独立し、鵜殿村となったのである。

いくつかの村が合併する話はよく聞くものだが、いったんは合併したのに再び独立するというケースは非常にめずらしい。鵜殿村は熊野川の河口に位置しているという地の利を活かし、古くから木材の集積地として栄えてきた。戦後は製紙業が発展し、面積は狭くても経済的には恵まれていた。こうした背景が、分離独立後、一世紀以上にもわたって独立を保てた理由の一つにあるのかもしれない。

もっとも、鵜殿村の独立の歴史も、二〇〇六（平成一八）年の一月一〇日をもって幕を閉じた。平成の大合併にともない、南牟《む》婁《ろ》郡紀《き》宝《ほう》町との合併が成立したのである。

では、現在の「日本一小さな村」といえば、いったいどこになるのだろうか。

その答えは、富山県の舟橋《ふなはし》村となる。舟橋村は富山県内唯一の村であり、三方を富山市、上市町、立山町に囲まれ、面積は三・四七平方キロである。全国一八〇〇余りの自治体のなかで、晴れて「いちばん小さい村」となったことを記念して、村民憲章が制定されたという。

舟橋村の肥沃《ひよく》な土地で栽培されたコシヒカリはとくに味がよいとの評判で、「アルプス米」のブランドで知られている。また、舟橋村にある無量《むりょう》寺は由緒ある浄土真宗の古刹《こさつ》で、明治の「ばんどり一揆」の集会場となったことでも有名だ。

この「ばんどり一揆」とは、一八六九（明治二）年に起きた農民一揆のこと。明治維新によって、納米方法が古枡《ます》から新京枡に定められたのにもかかわらず、役人が私服を肥やすために古枡での納米をつづけたことに対し、大凶作に見舞われた農民たちが抗議した。これは、「会津の世直し」農民一揆と並ぶ、歴史的にも名高い一揆といわれている。

その面積は狭くても、歴史的には非常に深い土地柄だったのである。

◉ 第２章 ◉

「都」、「府」以外は皆「県」なのに、なぜ北海道だけ「道」がつくのか？

聞かれると答えられない!? 地名にまつわる素朴な疑問

千葉県の九十九里《くじゅうくり》浜は本当に九十九里（三九六キロ）あるのか？

千葉県の九十九里浜は、房総《ぼうそう》半島の東岸を南北にのびる面積二八五〇平方キロの海岸だ。美しい海岸線と広々とした砂浜の景色が特徴的で、県の自然公園にも指定されている。

遠浅の浜は沖合七〇キロでもまだ岩礁が散在し、波が絶えず打ち寄せる。この遠浅の地形を活かして、古くから沿岸漁業が発達してきた。なかでもイワシ漁はとくに有名で、いまも銚子漁港にはたくさんのイワシが水揚げされている。そのため、市内にはイワシの加工業者も目立つ。

また、浜辺周辺にはレジャーに訪れた観光客も多く、夏は海水浴でにぎわい、元旦には初日の出を見るために数多くの人々が訪れる。さらにこの浜は、コウボウムギやハマヒルガオ、ハマエンドウといった海浜植物の群生地があることでもよく知られている。

こんな九十九里浜に関しては、その名のとおり、本当に「九九里（約三九六キロ）」

の長さがあると思い込んでいる人が意外に多いようだが、実際は一五里（約六〇キロ）程度の長さしかない。それなのに、いったいなぜ九十九里浜などという名前がつけられたのだろうか。

じつのところ、九十九里浜という地名の由来については諸説あり、いまだはっきりとしたことはわかっていない。しかし、そんななかでもとくにユニークなのが、源頼朝が名づけたとする説だ。浜の長さに驚いた頼朝が、あるとき六町（一町は約一〇九メートル）を一里として、浜の砂に矢を立てて距離を測ったところ、九九本めで矢が尽きた。それで「九十九里浜」と名づけたというのだ。

現在、九九本の矢のちょうど真ん中にあたる四九本めが立てられたとされる地点には、「矢指《やさし》神社」というほこらが置かれている。ただし、文献に「九十九里」の地名が登場するのは、江戸時代の一八世紀はじめ頃からとされており、頼朝命名説については否定的な見方もあるようだ。

また、昔は長さの基準が現在とは違っていたので、こうした海岸名になっても何ら不思議はないという声もある。かつての基準にもとづいて計測した九十九里浜は九〇里ほどの長さで、百里に近いということから九十九里浜と命名されたというのだ。

ほかにも、九九という数字が五節句の一つである重陽《ちょうよう》に通じるめでたい数字であることから、それにちなんで命名されたのだとする説もある。

いずれにせよ、このような地名にまつわるいくつもの説が乱れ飛んでいるというのも、九十九里浜が日本有数の砂浜として注目されているからこそだろう。名づけの真相はともかくとして、この浜の存在感が大きいことだけは確かのようだ。

有名歌手の芸名の由来になった、北アルプスの山はどこ？

北アルプス（飛騨山脈）には、「野口五郎岳」という名の標高二九二四メートルを誇る山がある。どこか冗談めいた話に感じるかもしれないが、山は雄大な景観を有し、訪れる登山客も数多い。

北アルプス登山では、燕岳《つばくろ》から槍《やり》ヶ岳への縦走路が「表銀座コース」と呼ばれて人気になっている。これに対し、槍ヶ岳から双六《すごろく》岳、三俣蓮華《みつまたれんげ》岳を越え、野口五郎岳、烏帽子《えぼし》岳方面へと抜けるコースは「裏銀座コース」と呼ばれる。こちらは表銀座にくらべてルートが長いため、熟練者向けのコースといえる。そして、裏銀座ルートで中心的な位置を占めているのが野口五郎岳なのである。

この山の名前を聞くと、大半の人は西城秀樹や郷ひろみとともに新御三家としてお茶の間の話題をさらった人気歌手・野口五郎を思い浮かべることだろう。

一九五六（昭和三一）年に岐阜県美濃市で生まれた彼は、一五歳のときに演歌『博多みれん』で歌手デビューするもなかなかヒットせず、二曲めの『青いリンゴ』からポップス路線に転向。これが見事大ヒットして、一躍人気アイドルとなる。その後は『私鉄沿線』などをヒットさせるのと同時に、バラエティー番組やドラマなどでも才能を発揮した。現在でも一部では根強い人気を保ち、ギタリストとしての腕前も確かなようだ。

そんな野口五郎と野口五郎岳とのあいだには、何らかの関係があるのだろうか。それとも、これは単なる偶然の一致にすぎないのか。はなはだ気になるところではある。

じつは、両者のあいだには切っても切れない深い関係がある。芸名を決める際、山好きだった当時の担当プロデューサーが「野口五郎岳のように大きな存在になるように」という願いを込めて命名したというのだ。つまり、歌手・野口五郎という芸名のルーツは、北アルプスの山、野口五郎岳にあったというわけだ。

一方、野口五郎岳の名前のルーツについても興味深い話が残っている。まず「五郎」だが、これは岩がゴロゴロしている場所を指す「ゴーロ」からきたものだという。野口五郎岳の斜面は比較的緩やかだが、それでも岩がかなりゴロゴロしている。そのために、音韻的に似ている「五郎」という名がつけられたというのだ。五郎という名のつく山は日本にいくつか存在し、野口五郎岳のすぐ隣には「黒部五郎岳」なる山もある。

そして「野口」のほうは、登山口の大町地方にある野口という集落に由来するようだ。野口集落からは野口五郎岳がよく見えるので、その名がついたと伝えられている。

名づけ親の願いどおり、大きな存在になった野口五郎。その名の由来となった山にも名前負けしなかったことは、大いに評価されてしかるべきなのかもしれない。

秋本治のマンガ『こち亀』で有名な葛飾区の亀有《かめあり》は、かつて〝亀無《かめなし》〟だった！

　東京都葛飾区にある「亀有」は、江戸川と綾瀬川に挟まれた地域を中川が流れるという一帯だ。かつては大きな工場も置かれていた工業地帯だったが、現在は商店や住宅が建ち並び、人情味あふれる下町となっている。

　この亀有に注目が集まるようになったのは、秋本治のマンガ『こちら葛飾区亀有公園前派出所』が人気を博して以来のこと。『こちら葛飾区亀有公園前派出所』略して『こち亀』は、警視庁新葛飾警察署の亀有公園前派出所に勤務する中年警察官両津勘吉巡査長とその同僚、周辺人物たちが繰り広げるギャグマンガで、一九七六（昭和五一）年から現在まで、三〇年以上もの長きにわたって連載がつづけられている。そして、亀有にはたくさんの『こち亀』ファンが日々訪れ、JR常磐線の亀有駅周辺には両津巡査長の銅像まで建てられているのだ。

　だが、その地名がかつては「亀無」だったということを知っている人はあまりいないだろう。

中世の時代、ここは「亀無」または「亀梨」と書かれていたという。室町時代に成立した『義経記』や一四〜一六世紀に記された文献などに、その記録が残っているのだ。

亀無あるいは亀梨という地名について『かつしかの地名と歴史』(葛飾区郷土と天文の博物館編)によると、「亀」は生き物の亀ではなく、亀の甲羅のような島状の小高い丘を指していて、また、「なし」は否定の「なし」ではなく、肯定の「なす」に通じる使い方なのだという。こうしたことから考えれば、亀無や亀梨は「亀甲のような形の土地」という意味になる。

それでは、いったいどうして「なし」が「あり」に変わってしまったのだろうか。一六四四(正保《しょうほう》元)年、徳川幕府は日本地図を作成することになったが、その際に、人々のあいだから「なし」では「まったく何もない」ということに通じるから縁起が悪いという声が巻き起こった。そこで、縁起の悪い「なし」を縁起のよい「あり」に変えて「亀有」にしたのだという。

こうした言い換えは、けっしてめずらしいものではない。縁起の悪い言葉を言い換える慣習は、かつての日本ではしばしば見られたのだ。『こち亀』のおかげで亀有が大ブレイクしたのも、もしかしたら「なし」を「あり」に変えて縁起がよくなったせいなのかもしれない。

山紫水明《さんしすいめい》の地・京都象徴の川が、「鴨川」「賀茂川」と二つの名前をもつ理由とは？

七九四（延暦《えんりゃく》一三）年、京都に平安京が置かれてから東京に遷都されるまでの一二〇〇年ものあいだ、京都は日本の首都として栄えてきた。

そして、山紫水明の地ともいわれるこの街の象徴にもなっているのが、市内を南北に流れる鴨川である。鴨川に架かる四条大橋、三条大橋の眺めはガイドブックなどにもよく取り上げられ、京都を代表する景観となっている。

鴨川は丹波《たんば》高地南部の桟敷《さじき》ヶ岳に源を発している。そこから南へと流れ、京都に入ってからは上賀茂神社、下鴨神社脇、出町柳《でまちやなぎ》とつづいていく。そこで高野川と合流したあとは真南へ向かい、下鳥羽で桂川に注いでいる。

ところが、地図でその鴨川を確認すると、上賀茂神社や下鴨神社の東を流れるところでは「賀茂川」と書かれているのに、高野川との合流地点である出町柳より下流では、どういうわけか「鴨川」と表記されていることに気づく。

　このように、同じ川を二つの名前で呼び分けている理由について、明確なことはわかっていない。しかしこれには、上賀茂神社と下鴨神社の存在が関係しているらしい。

　上賀茂神社は神武《じんむ》天皇の時代に起源をもつと伝えられる由緒ある神社で、かつてこの地域には大和から移住してきた豪族、賀茂氏が住んでいた。その氏神を祀《まつ》った神社が上賀茂神社なのだ。

　一方、下鴨神社も神武天皇の時代に起源を発するといわれ、こちらも賀茂氏の氏神を祀っている。上賀茂神社と下鴨神社は、二つあわせて一つの神社と見なされるほど近い関係にあるのだ。

　そんな両神社の性格を背景に、それぞれの神社の名前を振り分けたため、高野川との合流点の上流を「賀茂川」、下流を「鴨川」と呼ぶようになったのではないかというのが、現状での一般的な見方となっている。

　現在、河川管理上の公式な呼称としては、川を管理する国も、京都府も、京都市もすべて「鴨川」を用いている。だが、それでも現地での呼び分けを完全に無視することはできなかったようで、高野川との合流地点より上流では「一級河川　鴨川（賀茂川）」という標識が使われている。

また、賀茂大橋近くのバス停名が「加茂大橋」となっているように、「加茂川」という文字が用いられることもあるが、これは「賀茂川」が変化したものではないかと考えられているようだ。

東京都豊島区「池袋」の「池」はそもそもどこにあるのか？

地名がその土地の地形をあらわしていることはよくあることだ。では、東京都豊島区池袋の「池」とはどの池のことを指すのだろうか。現在、池袋近辺に「池」と呼べるようなところは見当たらず、少々妙な感じもする。

調べてみると、池袋の語源には諸説あるようだ。一八一四（文化一一）年に書かれたという『遊歴雑記』においては、「おびただしき池ありしに因《よ》るなり」と記されていて、地名の由来となった「池」は、池袋駅西口にあるメトロポリタンホテル側の「元池袋史跡公園」にあったのだという。この元池袋史跡公園は一九九八（平成一〇）年、元池袋公園が近隣の下水道工事にともなって移転した際に開園した。そして現在、この公園のなかには、井戸水を利用した小さな滝の流れる、池袋の地名ゆかりの池がある。

また、池ではなく、地形に由来するのではないかという説もある。「袋」という字は、大きな川が洪水で氾濫した際にできた遊水池をあらわす言葉だからだ。洪水の際に自然とできる「袋」は、水位が増したときの余計な水量を調整する大切な役割を担っており、大洪水を防ぐ役割をしていた。盆地の形状をした池袋は、荒川の「袋」となって荒川が洪水を起こした際に遊水池の役割をはたし、被害が拡大するのをはばんだと考えられている。

江戸市中を通って東京湾に注ぐ荒川は、当時はその名前のとおり大雨や台風があるたびに洪水を起こすような、じつに荒々しい川だった。池袋などの「袋」がなければ、江戸の住民は荒川が氾濫するたびに大きな被害を受けていただろう。やがて、その「袋」も護岸工事が進むにつれてその役割を終え、水が引けて低湿地帯へと変わるとしだいに家が建つようになった。

さらに、湧水による池や沼が谷戸《やと》や窪地のところどころに見られたことから、池袋という地名がついたのではないかと考える人もいる。『地名の研究』（柳田國男）によれば、東京周辺には池袋のほかにも「沼袋」や「川袋」などのような水に縁のある袋が多くあり、これらはみな平地で水辺に位置しているという。しかも、水に二面以上囲まれた地形が多いのだそうだ。

そんな「池」や「袋」だったとされる池袋も、いまや東京屈指の繁華街である。発展のきっかけは戦後の闇市。焼け野原のなか、池袋で開かれた闇市に多くの人々が集まるようになり、その後、闇市が廃止になってもさらなる発展を遂げた。しかしもはや、現在の風景から当時の様子をはかり知ることは困難だろう。

現在、当時の面影をしのぶことができるのは、夜になると広場の塗装が水面のように光り、あたかも水の上に立っているかのような気分にさせてくれる前述の元池袋公園だけなのかもしれない。

日光のいろは坂は「いろはにほへと……」にちなんで名づけられた⁉

日光・中禅寺湖の近くには、「いろは坂」という坂がある。日光と中禅寺湖を結び、さらに奥日光へとつづくルートにあるこの坂は、山伏たちの往来する山道を整備したもので、昔から重宝されてきた。ただ、この坂はかなり険しく、急カーブが連続している。そのためドライバーには慎重な運転が求められ、同乗者も左右に揺られすぎて気持ちが悪くなる恐れがある。

もともといろは坂は一本だけの道だったが、交通量が増加したため一九六五（昭和四〇）年にもう一本の道ができた。現在では、日光からの下り専用の第一いろは坂と、上り専用の第二いろは坂の二本に分かれ、長さは第一が六・四キロ、第二は九・四キロとなっている。

しかし、いったいなぜ「いろは坂」という名がつけられたのだろうか。いろは坂の名前の由来については諸説あるが、もっともよく知られているのが、「いろはにほへと……」という、昔から使われてきた仮名文字にちなんだとする説だろう。

「いろはにほへと……」は「ん」も加えれば四八文字になる。一方、いろは坂は第一が二〇、第二が二八で合計四八のカーブがある。この数の一致から、「いろは坂」と呼ばれるようになったのではないかというのだ。

だが、この説には少々無理がある。というのも、いろは坂と呼ばれるようになったのは、四八のカーブができる以前のことと考えられているからだ。

いろは坂と命名されたのは昭和初期のこと。登山鉄道会社がケーブルカーのなかでの案内解説で、坂の数を「いろはにほへと……」にたとえたのがはじまりだった。その当時、坂は一本しかなく、その一本も現在の形とは違っていた。だから、実際は四八もカーブはなかったものの、数の多いことのたとえとして「いろは四八文字」を使ったのではないかと見られている。

その後、現在のような第一いろは坂が完成し、さらに第二いろは坂ができたが、それでも当初はカーブの数が五〇もあったらしい。今度は多くなりすぎてしまったのだ。そこで、第一いろは坂から二つ減らして四八にしたのだという。

そんな努力（？）の甲斐もあってか、現在のいろは坂は「い」から「ん」まで、ものの見事に「いろは四八文字」と対応しているのである。

甲子園の名前の由来は、なんと球場完成年の干支《えと》から拝借

プロ野球チーム・阪神タイガースの本拠地であるとともに、高校野球のメッカとしても知られる阪神甲子園球場。バックネット裏を銀傘《ぎんさん》と呼ばれる巨大な屋根に覆われ、外壁を蔦《つた》がはうこの球場は、これまでに幾多の名勝負が繰り広げられた「日本野球の聖地」である。

甲子園が誕生したのは一九二四（大正一三）年八月一日のこと。阪神電鉄の甲子園地区開発構想と、折からの野球人気によって大球場を望む一般大衆の声が合致してつくられることになった。当時としては六万という収容人員は驚異的で、東洋でも例を見ない最大級のスタジアムだった。

ところが意外なことに、この「甲子園」という名前は球場が完成した年の干支に由来しているのだという。

一九二四年は干支の甲《きのえ》と子《ね》が六〇年振りに出会う「甲子」の年であり、非常に縁起がよい年とされていた。そこで、この年にちなんで付近一帯を甲子園と名づけ、

野球場を甲子園球場と命名したのだという。

では、甲子はいったいどうして縁起がよいのだろうか。

それは干支の解釈からきているようだ。干支とは「兄《え》」と「弟《と》」を意味し、十干《じっかん》十二支《じゅうにし》のこと。十干とは甲、乙《きのと》、丙《ひのえ》、丁《ひのと》、戊《つちのえ》、己《つちのと》、庚《かのえ》、辛《かのと》、壬《みずのえ》、癸《みずのと》の総称で、これを木、火、土、金、水の五行に配し、それぞれを陽の気を示す「兄」と陰の気を示す「弟」に分けたものだ。

そして十二支は、子《ね》、丑《うし》、寅《とら》、卯《う》、辰《たつ》、巳《み》、午《うま》、未《ひつじ》、申《さる》、酉《とり》、戌《いぬ》、亥《い》となっている。すなわち干支とは、十干と十二支を組み合わせたもので、全部で六〇組もできる。その六〇組のうち、最初にやってくる組み合わせが「甲子」なのである。

六〇年に一回しかないほど縁起のよい年ならば、球場の名前にもふさわしいといえよう。阪神タイガースは、そんなすばらしい球場を本拠地として戦っているわけだから、毎年、より一層の覇気を見せなければ、まさにバチ当たりものなのかもしれない。

なんと沖縄の「コザ市」は、アメリカ兵の読み違えに由来。本当は「GOYA」!?

かつて沖縄島の中南部、那覇市の北方約二〇キロの場所にあったコザ市は、一九五六（昭和三一）年に誕生したとき、全国唯一のカタカナ表記の市として話題を呼んだ。その後、一九七二（昭和四七）年の本土復帰にともない、美里村と合併して一九七四（昭和四九）年に沖縄市となったが、三〇年経ったいまもコザ市だった頃の面影は色濃く残っており、コザ幼稚園やコザ小学校、コザ中学校、コザ高校、コザ運動公園、コザ児童相談所、コザ社会保険事務所など、さまざまな施設に「コザ」の名が使われている。

当時のコザ市は「基地の街」として知られていた。なんと、総面積の六割がアメリカ軍用地に占められていたのだ。

太平洋戦争末期の一九四五（昭和二〇）年四月、沖縄の中西部に上陸したアメリカ軍は、日本軍との激しい戦闘を重ねながら、たちまち各地を制圧していく。そして、いち早くアメリカ軍の支配下に入った越来村《ごえくむら》胡屋《ごや》地区には、野戦病院や物資集積所、避難民収容区（キャンプ・コザ）がつくられた。

だが、戦後になってもアメリカ軍と住民のあいだで衝突が絶えることはなく、一九七〇（昭和四五）年には「コザ騒動」という騒乱事件が起こっている。この事件が沖縄の本土復帰に与えた影響は大きい。

そんなコザ市の名称は、じつはアメリカ軍によってつけられたという説がある。当時、地図をつくっていたアメリカ軍が「胡屋（ＧＯＹＡ）」を「ＫＯＺＡ」と読み違えてしまい、それがそのまま地名として定着したらしいのだ。真偽のほどは定かでないが、この地名はその後も長く親しまれるようになり、いまもなお沖縄に根づいている。

アメリカ軍基地が生み出すさまざまな問題を抱えながらも、地域内には日本語と英語の看板を掲げた店が数多く建ち並び、いつも大いなるにぎわいを見せている旧コザ市。基地が完全になくなるまでは、コザの名前が忘れ去られることはないのかもしれない。

「都」、「府」以外は皆「県」なのに、なぜ北海道だけ「道」がつくのか?

日本には四七の都道府県があるが、そのほとんどに「県」がつき、東京には「都」、大阪と京都には「府」がつく。いわずもがな、東京は日本の首都であり、大阪と京都にはかつて都が置かれていた歴史があるから、ほかと区別する意味で都や府がつけられるのはもっともと思われる。

しかし、北海道にだけ「道」がつくのはなぜなのだろう。しかも、東京都は東京、京都府は京都、神奈川県は神奈川と略すことも可能だが、北海道の場合、道を省いて「北海」とあらわすことはない。

かつて「蝦夷《えぞ》」と呼ばれていた北海道には、独立国だったという過去がある。徳川家初代将軍家康が江戸に幕府を開いて以来、約二六〇年間もつづいた江戸時代は、一八六七(慶応三)年に一五代将軍慶喜《よしのぶ》が朝廷に政権を返上したことによって終焉《しゅうえん》を迎える。

幕臣と新政府とのあいだで繰り広げられた戊辰《ぼしん》戦争も旧幕府軍の敗北に終わり、

榎本武揚《たけあき》らは江戸を脱走、仙台にいた板倉勝清《かつきよ》、土方歳三《ひじかたとしぞう》らと蝦夷地を制圧して新政府とはべつの独立国「蝦夷共和国」を創立する。

この蝦夷共和国は、明治新政府の総攻撃を受けて一八六九（明治二）年に降伏するまでの六か月間、アメリカ、イギリス、フランスなどの国々に独立国として認められていた。榎本武揚が新政府軍を返り討ちにしていたら、いまでも存在していたかもしれない国だったのだ。

旧幕府軍を征討後、明治新政府は「蝦夷地は皇国の北門」と考え、探検家・松浦武四郎を蝦夷地の開拓判官に任命する。そして一八六九（明治二）年八月一五日、太政官布告によって「北海道」と名称が定められた。

『図説 歴史で読み解く日本地理』（河合敦）によれば、松浦武四郎は蝦夷地の新しい名称として「日高見道《ひだかみ》」「北加伊道《ほっかい》」「海北道」「海島道《かいとう》」「東北道」「千島道」の六つの案を出し、そのなかから「北加伊道」が選ばれたのだという。文字を「北海道」に変えたのは、「東海道」「南海道」を意識したためらしい。

また、名称候補のすべてに「道」をつけたのは、律令制《りつりょう》の五畿七道にならったからであり、東海道、南海道も五畿七道のうちの二道だ。五畿七道とは律令国家の広域行政区画のこと。五畿は山城《やましろ》、大和《やまと》、河内《かわち》、和泉《いずみ》、摂津《せっつ》の畿内五か国皇都周辺の特別行政地域をいい、七道は西海道、山陰道、山陽道、東海道、東山道、北陸道、南海道など、都からの幹線道路を基準とした区分をいう。

開拓使は一八八二（明治一五）年、制度満了によって廃止になる。そして、北海道には本土の府県制に沿って札幌県、根室県、函館県の三県が設置された。かつて北海道は三県に分かれていたのだ。

しかし、それもわずか五年で廃止される。翌年に設立された北海道事業局とのあいだで運営がうまくいかなかったからだ。そこで、全道を管轄する北海道庁が設置され、一九四七（昭和二二）年の地方自治法施行により、北海道は他府県と同等の権限をもつ地方自治体となった。

北海道とは青森や秋田と同じように地名であるが、青森県や秋田県といった行政区分の呼び方でもあるため、「北海」「北海道」といったような使い分けはしないというわけだ。

ブランド店が並ぶおしゃれな街の代表格・銀座 なぜ、格上の「金座」ではないのか？

高級感があっておしゃれな町といえば、東京都中央区にある銀座を思い浮かべる人も多いはずだ。有名高級ブランドの店が建ち並ぶ、一般庶民にはちょっと敷居が高い街――銀座はそういったイメージであふれている。しかし江戸時代には、銀座よりさらに格上の「金座」が存在していたという。

当時、通貨として流通していたのは金貨、銀貨、銭貨の三種で、それぞれがべつの場所で鋳造されていた。金貨を鋳造していたのは「金座」、銀貨は「銀座」、銭貨は「銭座」という具合だ。

「金座」が置かれていたのは、現在、東京都中央区日本橋の日本銀行本店がある場所で、この付近は「両替町」と呼ばれていた。一八五九（安政六）年につくられた『江戸切絵図』にも「金座」と書かれている。

金座は勘定奉行《かんじょうぶぎょう》の管轄下にあった。敷地は奥行七二間《けん》（一三〇・三三メートル）、幅四六間（八三・三二メートル）の広さがあり、そのなかに金局、吹所《ふきどころ》、御金改《おきんあらため》役役所《やくやくどころ》などの建物が置かれていた。このうち金貨の鋳造がおこなわれていたのは吹所で、六つの工場（大吹所、打物所、取上場、吹所棟梁詰所、細工所、色付場）では大ぜいの職人が作業をしていたという。

金座で働く職人のうち、もっともたいへんだったのは吹所の職工だろう。『歴史探訪 地図から消えた「東京の町」』（福田国士）によれば、金の不法な持ち出しを防ぐため、帰宅前には現代ではとても信じられないような、なんとも屈辱的なチェックがおこなわれていたという。全裸にされて髪のなかまで調べられ、手水《ちょうず》を受けて口をすすぎ、最後に高さ二尺から三尺の竹の棒をまたがされたりしたのだ。

しかし、一八六九（明治二）年に金座、銀座、銭座の鋳造業務は中止され、町名も変わってしまう。金座は別名「本両替町」と呼ばれ、しばらくはその名が残されていたものの、一九三二（昭和七）年に隣合っていた本石町に編入され、「本両替町」の名前も消えた。現在は地碑も建っておらず、残っているのは、金座に金を運んできた馬に水を飲ませたといわれる給水栓だけだ。

一方、銀座の地名はそのままで、銀座発祥の地碑は銀座二丁目の中央通りに面した歩道にいまも残っている。

ここ一番の大勝負に使われる「天王山」は、標高たったの二七〇メートル

ここいちばんの大勝負のときに用いる「天王山」という言葉。じつはこれ、実際にある山の名前だということを知っているだろうか。

「天王山」は京都盆地にある山の名前で、大山崎町に実在する。さぞかし立派な山に違いないと思いきや、「天王山」という響きからは程遠い、標高わずか二七〇メートルの小高い山だ。じつは、天王山がこれほどまでに有名になったのは、山の大きさではなく、地理的な理由にある。

天王山は古来、戦略上の要地として有名な場所だった。京都盆地と大阪平野の境目、丹波《たんば》山地の南東端に位置するこの山は、山頂は平たんだが東側は断層崖をなしており、山麓を西国街道が通っている。そのため、いかに天王山を押さえるかが勝敗に大きな影響を与える。まさに〝天下分け目〟の場所となるのだ。

天王山に関連する戦いのなかでとくに有名なのは、一五八二（天正一〇）年の「山崎の合戦」だろう。本能寺で織田信長が明智光秀に討たれたことを知った豊臣

秀吉は、当時備中《びっちゅう》高松に兵を出していた。しかし、すぐさま毛利氏との講和をまとめ、約三万もの軍勢をあっという間に引き返させて京都へ向かった。そのすばやさはじつに見事なもので、一日平均にして三〇キロもの道のりを移動したという。「中国大返し」と語られる強行軍だ。

秀吉はそのまま天王山で光秀と戦うことになるが、わずか半日で勝利を手中に収める。勝因は秀吉軍が兵力で勝っていたこともあるが、光秀軍よりも早く天王山山頂を占領したことが大きかったとされている。天王山は、山頂から敵の動きが一望できるのだ。

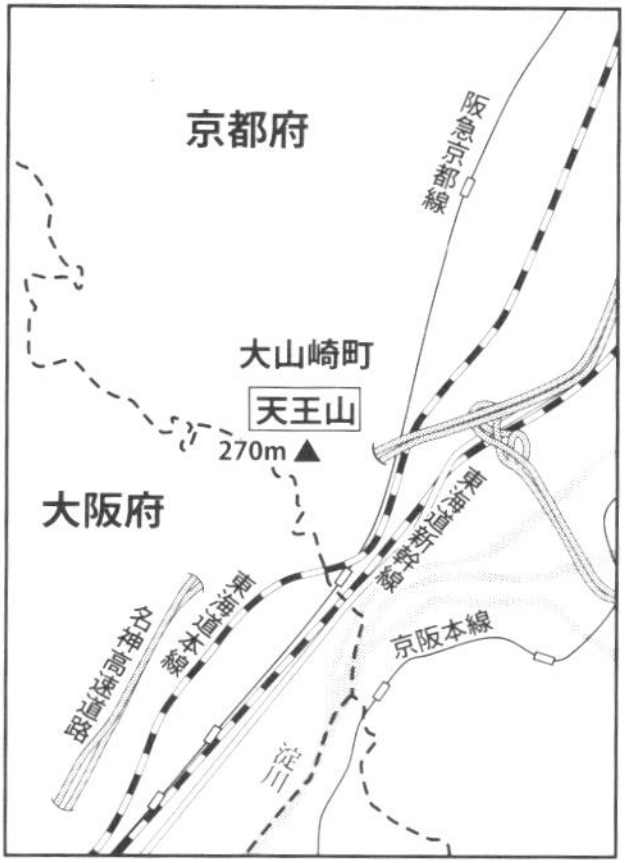

京都府大山崎町にある「天王山」

これ以降、「天王山を制する者は天下を制す」「天下分け目の天王山」など、スポーツなどの勝負ごとで「ここぞ」というヤマ場の試合では、「天王山」という言葉が使われるようになったのである。

首都東京よりはるかに古い歴史をもつ、もう一つの「東京」がある

日本には同じ地名が数多くある。たとえば「京都」は、京都府以外では福岡県東部の郡名となっており、愛知県の県都「名古屋」は千葉県成田市にもある。

では、「東京」はどうだろうか。首都と同じ地名などあるはずがないと思うかもしれないが、じつは首都・東京以外にも「東京」は存在するのだ。

もう一つの「東京」は、長野県長野市の旧鬼無里《きなさ》村地区にある。読み方こそ「とうきょう」ではなく「ひがしきょう」となるが、首都・東京よりはるかに古い歴史をもつ町である。

この地に東京の名がつけられたのは、七世紀末の天武《てんむ》天皇の時代。天武天皇は平城京からの遷都を計画しており、ここが候補地の一つに選ばれた。そこで、「東の京（都の意）」という意味で「東京」と名づけられたとされている。近くには西京《にしきょう》や二条、四条など、平城京や平安京にちなんだと思われる地名とともに、天武天皇の使者がこの地を訪れた際に創建したといわれる春日神社などの神社もあって、遷

都計画の信憑性《しんぴょう》の高さがうかがえる。

　また、この地には古くから「鬼女紅葉《もみじ》伝説」が伝えられている。その昔、京の都からこの地へ配流《はいる》された紅葉という名の美しくも高貴な女性がおり、住民たちに慕われていた。だが、紅葉はつねに京を思い、悲しみに暮れている。そんな紅葉をなぐさめようと、里の長はこの地に加茂川、東京、西京、二条、四条など、京の都からとった地名をつけたのだという。

　ところがその後、紅葉は悪者たちにそそのかれ、盗賊の首領となってしまう。そして荒倉山に移り住み、旅人を襲撃させては豪華な暮らしを送るようになった。

長野県にある「東京」。「ひがしきょう」と読む

　そのあまりに非道なおこないに人々は紅葉を鬼女と呼び、そのうわさは京の都まで届いたほどだった。すると朝廷は、平維盛《これもり》に鬼女征伐を命じ、維盛は苦戦しながらも紅葉狩りに成功する。

以後、この地は鬼の無い里、「鬼無里」と呼ばれるようになったのだという。

重要文化財に指定されている白髯《しらひげ》神社は、天武天皇が遷都を計画した際に鬼門の守護神として創設したといわれ、祭神は猿田彦《さるたひこ》の命《みこと》を祀《まつ》っている。本殿は室町時代に建造されたものだという。

こうした古い歴史をもつ神社などが数多く残されている旧鬼無里村地区。ここはやはり、「東京」という地名がピッタリなのかもしれない。

大分県湯布院町にある由布院温泉。あれッどっちが正しい!?

大分県の中央に位置する湯布院町は、風光明媚《ふうこうめいび》な温泉町として知られている。古くから多くの文人にも愛され、『みだれ髪』で有名な与謝野晶子は「われは浴ぶ由布の御嶽の高原に銀柳の葉の散り初めし秋」と詠んでいる。

この町は全国第二位の温泉湧出《ゆうしゅつ》量を誇り、中心部にある盆地のどこを掘っても温泉が湧くという。かつては別府の奥座敷としての湯治場にすぎなかったが、一九六四（昭和三九）年に九州横断道路が開通して以来、映画祭や音楽祭など、観光客に向けてのユニークなイベントが話題を呼び、全国的にも名の知られた温泉町となった。

湯布院町には、岳本、湯ノ坪など七つの温泉地区があるが、これらを総称して「由布院温泉」と呼ぶ。ここで不思議に思う人もいるだろう。「湯布院町」にあるのに「由布院温泉」というのだ。「湯」と「由」が異なっているのは、けっして誤りではない。さらに、この地域の地図を詳しく見てみると、湯布院町があるのは由布市で、町の玄関口として由布院駅が建っていることに気づく。

この呼称の違いは、いったいなにに由来するのだろうか。規則性があるようでいて、なかなかそれが見えず、まるで難解なパズルだ。

「ゆふ」の名前が最初に文献にあらわれるのは、一三〇〇年ほど前の奈良時代に編纂された『豊後国風土記』で、この文献のなかに次のような記述がある。

「柚富郷《ゆふごう》、郡《こおり》の西に在り。この郷の中に栲《たく》の樹《き》、多《さわ》に生いたり。常に栲の皮を取りて以《もち》て木綿《ゆふ》に作れり。因《よ》りて柚富郷と曰《い》ふ」

これを要約すれば、「当時この地には、たくの樹がたくさん自生していて、その皮で木綿をつくったので、それが郷名となった」という意味になる。

平安時代には、柚富郷に稲などを蓄えておく蔵＝倉院が置かれていた。そこで、「ゆふの倉院」→「ゆふの院」→「ゆふ院」と呼ばれるようになったという。「ゆふいん」とは、平安の昔から連綿とつづいてきた由緒ある呼称なのだ。

その後一九五五年（昭和三〇）年、由布院町と湯平町が合併して「湯布院町」となる。しかし、温泉名や駅の名、山の名には昔のまま「由布」という字が残されることになり、現在のような、じつにまぎらわしい状況になったのだ。

一つしかないのに十三湖という名の摩訶《まか》不思議な湖

本州最北端の津軽半島西北部に位置する青森県五所川原《ごしょがわら》市十三地区には、ヤマトシジミの産地としても有名な十三湖がある。その名前からは、湖が十三個もあるようにイメージしそうだが、実際は日本海に面した湖が一つあるだけだ。だが、そもそも一つしか湖がないのに「十三湖」という名前になった理由はいったいなんなのだろうか。
この湖は、もともと「とさ」と呼ばれていた。それがのちに「十（と）・三（さ）」と当て字され、やがて「じゅうさん」と呼ばれるようになったのだ。

では、「とさ」の語源にはどんな意味があるのだろう。諸説あるなかでは、「ト（湖沼）・サム（～のほとり）」というアイヌ語を語源とする説が有力なようだ。

アイヌといえば、かつて北海道を中心に暮らしていた先住民で、東北地方の反政府勢力である蝦夷《えみし》と同一視する向きもあるが、青森県津軽の湖にもかかわらず、いったいなぜ北海道のアイヌ語に由来するのかというと、十三湖の周辺で栄えた「十《と》三《さ》湊」の歴史にそのヒントが隠されている。

現在の十三湖の周辺は、シジミ漁を営む集落が点在する静かなところだが、中世にはたいへんな繁栄を誇っていた。繁栄の礎《いしずえ》を築いたのは蝦夷の系譜を継ぐ在地豪族・津軽安藤氏の嫡流《ちゃくりゅう》で、十三湖西岸の十三湊を拠点に北方交易をおこなっていた。安藤氏は蝦夷ともうまく立ちまわり、十三湊はますます栄えたという。大型の帆船《はんせん》が来航し、西国の商人や蝦夷が市を出す――十三地区の最盛期の様子である。現在の人口はおよそ八〇〇人程度だが、当時はその何十倍もの人々が暮らしていたようだ。

一九九一（平成三）から一九九三（平成五）年にかけて、国立歴史民族博物館による発掘調査がおこなわれ、この地は中世都市の地割を残すきわめて貴重な遺跡と判明。それをきっかけに、二〇〇五（平成一七）年には十三湊遺跡として国史跡に指定されている。十三湊史跡からは当時の堀や道路跡などのほかに、交易商品の白磁や青磁、珠洲《すず》焼、瀬戸焼など数多くの遺物が出土した。また、渡米銭や象嵌《ぞうがん》、大陸から輸入されたガラス玉などの高級品も発見されている。

こうしたことからも、十三湊は蝦夷と深いつながりがあった土地であることは明らかであり、十三湖の語源がアイヌ語であっても何ら不思議なことではないのだ。

ビールの商品名がそのまま街の名前になった、めずらしいケース「恵比寿《えびす》」

東京にあるJR恵比寿駅の南口付近は、一九九四（平成六）年にオープンした恵比寿ガーデンプレイスを中心にしゃれた店が並び、大人のデートスポットとして注目のエリアになっている。とりわけ、ガーデンプレイス内にある赤レンガのビヤステーションは人気が高く、オープン以来多くの人々を集めつづけている。

「恵比寿＝赤レンガのビヤステーション」というイメージは、最近でこそ定着してきたものの、恵比寿とビールにはいったいどんな関係があるのだろうか。

恵比寿ビールの歴史は古く、市場に出たのは一八九〇（明治二三）年のこと。一八八七（明治二〇）年に設立された「日本麦酒醸造会社」がドイツ人技師を招いてつくったのがはじまりとされている。その工場用地に選ばれた場所が当時の東京府下荏原《えばら》郡三田村、現在のガーデンプレイスだったのである。三田用水からの取水を考慮しての選択だった。

そして、ビールのブランドは「恵比寿」と名づけられた。これは、古くから七福神の一人として親しまれてきた恵比寿様にちなんでおり、縁起のよさを買っての命名だったという。この「恵比寿ビール」の人気は高く、一九〇〇（明治三三）年のパリ万国博覧会では金賞を獲得。三〇か国以上から出品されたなかでの受賞だから、まさに本物の評価といえるだろう。

一九〇一（明治三四）年には、日本鉄道が会社の意向を受けて貨物輸送の取り扱いを開始した。これにより、各地の主要都市に恵比寿ビールを輸送できるようになった。このとき停車駅名にはビールのブランド名「恵比寿」をそのまま採用。つまり、恵比寿駅の名は恵比寿ビールにちなんでつけられたのだ。これは、駅名や地名が商品名からつけられたというきわめてめずらしい例といえる。

その後、太平洋戦争を挟んで二八年間の廃止期間はあったものの、一九七一（昭和四六）年にエビスビールはついに復活。その際、単なるブランドの復活ではなく、高品質ビール、ドイツタイプのビールの商品化に取り組んだ。その努力の甲斐あって、エビスビールはいまなお多くのビールファンを魅了しつづけているのだ。

なぜか新幹線ができる前からあった、静岡県にある「新幹線」という地

静岡県の東端に位置する函南町《かんなみちょう》には、「新幹線区」と呼ばれる地域がある。正式な地名ではないので住所表示などには使われていないが、この地域内には新幹線公民館や幹線上、幹線下という名のバス停もあり、地元ではすっかり定着した呼び名

になっている。

　もし、この地名だけを聞けば、ここは新幹線が走っている町に違いないと思うだろう。しかし、名前こそ新幹線だが、肝心の新幹線はこの地域内を通過していない。新幹線は、そこから北に約一・五キロ離れたところを走っているのだ。

　ではいったいなぜ、この地域を新幹線と呼ぶようになったのだろうか。

　地元の人によると、戦前、この町には東海道線新丹那《たんな》トンネルの建設に従事する人たちの官舎が置かれていた。それにちなんで、当時から新幹線と呼ばれていたのだという。

　ただし、この話が本当だとすると、つ

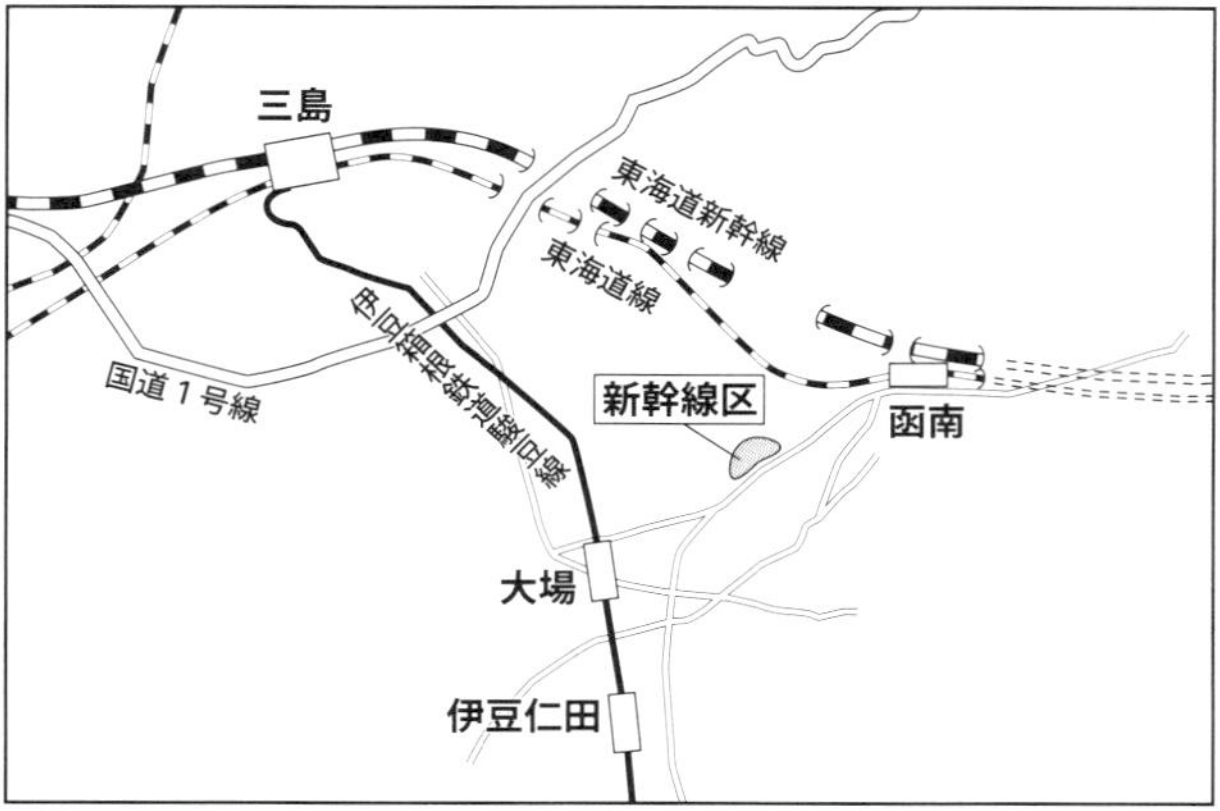

静岡県函南町にある「新幹線区」。新丹那トンネル建設作業員のための官舎があった

じつまの合わない点が生じる。新幹線は一九六四（昭和三九）年の東京オリンピックに間に合わせるように工事が開始されたはずだ。戦前にトンネル建設のための官舎がつくられたとなると、どうしても時期が合わないのである。

たしかに一九四二年（昭和一七）年三月二〇日、静岡県熱海市と函南町にまたがる延長七・九五八キロの新丹那トンネルが着工されている。これは、現在の東海道、山陽新幹線とほぼ同じコースを通って下関まで走り、そこから連絡線を利用して大陸までを結ぶという、当時の軍部による壮大な「弾丸列車構想」によって建設が計画されたものだった。

『日本の鉄道雑学事典』（南正時）によれば、新幹線という地名は、新丹那トンネルの工事関係者や函南町の人たちによって、このときすでに使われていたらしい。弾丸列車という物騒な名前よりも、新幹線のほうがなじみやすかったのだろう。

しかし、戦争が激しくなったために、一九四三（昭和一八）年一月に新丹那トンネルの建設は中止されてしまう。それが昭和二〇年代後半になると、東海道本線の輸送需要拡大にともなって路線の拡張に迫られ、また東京オリンピックに向けて、東京～大阪間を短時間で結ぶ交通機関が必要となった。

これにより、戦前の弾丸列車計画の広軌《こうき》を利用した「新幹線計画」が立てられる。主《あるじ》たちのいなくなったトンネル官舎に再び人が戻り、新丹那トンネルの工事は一九五九（昭和三四）年一〇月八日に再開された。そして、五年後の一九六四（昭和三九）年五月二七日に新丹那トンネルはついに完成する。戦前の着工から完成まで、じつに二二年の歳月がすぎていた。

茨城県の「常陸」と「日立」、どちらもヒタチと読む奇妙な一致

日本地図で茨城県に目を向けてみると、ちょっと奇妙なことに気づく。「常陸」「日立」というふうに、同じ県内に「ひたち」と読む地名が複数共存しているのだ。さらには「ひたちなか」などという地名もあり、慣れない人は混乱してしまいかねない。これはいったい、どういうことなのだろうか。

まず「常陸」という地名は、その昔、茨城県の大半を占めていた土地が「常陸国」と呼ばれていたことに由来する。常陸国の語源については、『常陸国風土記』に「道

がまっすぐにのびて河川などにさえぎられない直通（ひたみち）」と記されており、これが国名になったものと考えられている。また、蝦夷《えみし》の国としての日高見《ひだかみ》へ通じる「ヒタカミチ」の意味ではないかとする説もある。

この常陸という名を冠しているのが常陸太田市だ。茨城県の北東部、県都水戸市から北へ二〇キロの場所に位置するこの市は、平安末期からの約四七〇年間、北関東の豪族・佐竹氏の拠点として発展し、その後は水戸藩の要地として栄えた。そして、一九五四（昭和二九）年に一町六村が合併して新しい市が誕生する際、島根県にあった太田市と区別する目的で、太田の前に常陸国の常陸をつけて「常陸太田市」となったのだ。

常陸太田市のすぐ隣には日立市がある。こちらも「ひたち」と読むのだが、どうして「常陸」ではなく「日立」と書くのだろうか。

じつは、日立市の「日立」は常陸国に由来するものではなく、水戸藩二代藩主・徳川光圀《みつくに》にちなんだものだ。その昔、光圀がこの地を訪れて神峰《かみね》神社に参詣した際、「朝日ノ立上ル光景ハ秀霊ニシテ偉大ナルコト領内一」と語ったという。

光圀といえば徳川御三家の一人で、茨城県民にとってはとくに重要な歴史人物だ。

そこで一八八九（明治二二）年に宮田村と滑川《なめかわ》村が合併したときに、この光圀の言葉から「日立」をとり、「日立村」になったと伝えられている。

日立村には赤尾銅山があり、一九〇五（明治三八）年に久原房之助がこれを買収すると、地名から日立鉱山と改名。一九一一（明治四四）年には、この鉱山のための日立製作所という工場ができる。工場はその後独立し、日立製作所という日本を代表する大企業に成長した。そして一九二四（大正一三）年、日立村は日立町となり、一九三九（昭和一四）年には日立製作所関連のあった日立町と助川町が合併して新しい日立市ができたのである。

このように、常陸太田市の「常陸」も日立市の「日立」も読み方は「ひたち」で同じなのだが、地名の由来はまったく違う。ただし、光圀の言葉をもとにすれば、「朝日」という地名になっても不思議はなかったといえるだろう。それが「日立」になったのだから、「常陸」という古来の地名が何らかの影響をおよぼしていたことは十分に想像がつくのである。

大阪府堺市の住所表記はなぜ「丁目」ではなく、「丁」になっているのか？

かつて大阪府堺市の大阪湾に面する地域には、自由都市として繁栄した「堺」という都市があった。「堺」という名は摂津国《せっつのくに》、河内国《かわち》、和泉国《いずみ》の「境」に位置していたためにつけられたものだった。

古代の堺は、大陸へ向かう使節の発着地で、鎌倉時代になると漁港として発展。室町時代に日明《にちみん》貿易が開始されたことで規模が大きくなってからは、ほかの都市を圧倒して独占権を得、東南アジア方面にも進出していく。そして、一六世紀にはスペインやポルトガルと南蛮《なんばん》貿易をおこなうなど、堺は海外との交流拠点となって大いに栄えた。

その後、守護大名が乱立する戦国時代にあっても、堺は海外貿易によって得た財力と勢いを背景に環濠《かんごう》都市を形成していく。町の周囲には深い堀をめぐらし、頑丈な木戸を設けて自治をおこないはじめたのだ。このような都市は、当時は世界的にもめずらしかったというが、堺では浪人を傭兵として雇い入れていたので、治安も非常に安定していた。そのため数多くの芸術家たちがこの地に移り住み、茶の湯や花道、和歌などの文化がしだいに花開いていった。戦国時代に来日したビレイラという宣教師も、堺のことを「イタリアのヴェネチアのように華やかだ」と記したという。

しかし、堺の繁栄は時の支配者たちによって終止符を打たれる。一五六八（永禄一一）年、織田信長は堺に多額の納税を強要し、堀を埋めさせたのだ。さらに豊臣秀吉の時代になると、堺の商人は大坂城下に移住させられ、自由都市は完全に解体することになった。

そんな歴史をもつ堺の住所表記には、なぜか「丁目」ではなく「丁」が使われている。これには次のような理由がある。

一六一五（元和《げんな》元）年、堺は大坂夏の陣で全焼する。その後、徳川家康は町を碁盤の目状に割り振り、復興に取りかかった。そして出来上がった町の数は、なんと約四〇〇。あまりに数が多くて覚えにくかったので、人々は大道筋に面した二四の町名と縦筋の通り名を合成させて呼ぶようになったという。

さらに一八七二（明治五）年には、町名をよりわかりやすくするために、町を二街区位に再編。そして、大道筋に面した町名をもとに東側は○○町東一丁、東二丁……、西側は○○町西一丁、二丁……と変更した。このときに「丁目」としなかったのは、町を細分化する意味合いをもつ「丁目」よりも、町と同格の「丁」のほうがなじみやすかったからだといわれている。

この町名はいまでも踏襲されており、堺市の住所表記は一九九〇（平成二）年二月に編入した美原区域を除いて「丁」が使われつづけている。昭和のはじめには市議会で「目」をつけるかどうか論議されたこともあったというが、やはり由緒ある「丁」で統一されることになったのである。

「わが街こそ日本のへそ」と名乗る自治体、じつに四〇余りで日本は〝へそだらけ〟

「日本のへそはどこか」と聞かれたとき、多くの人は「東京」と答えるだろう。あるいは、東京に対抗意識を燃やす関西人などは、「大阪！」と当然のごとく答えるかもしれない。

しかし日本には、「わが街こそ日本のへそだ」と声高に主張し、長年にわたってPRしつづけているところがある。それは兵庫県西脇市。ただ、西脇市を地図で確認してみると、日本列島のやや西よりに位置しているように見える。いったいどうして、ここが日本のへそなのだろうか。

西脇市の言い分は、日本列島を緯度と経度から見た場合、ちょうど中心地点にあたるからということらしい。日本最北端の宗谷岬《そうや》と最南端の沖縄県波照間《はてるま》島の中間の緯度が北緯三五度で、かつて日本の標準時とされていた子午線が東経一三五度。この二本の線が交わる場所が西脇市だというのだ。

西脇市が「日本のへそ」を主張するようになったのは、大正時代にまでさかのぼる。

一九二三(大正一二)年、旧陸軍参謀本部陸地測量部の計測にもとづき、この地に交差点標柱が建立された。その後、一九七七(昭和五二)年には、市制施行二五周年ということで「日本のへそ宣言」を高らかにおこなう。そして、日本へそ公園や経緯度をテーマにしたテラ・ドームなどを設置し、毎年八月には「へその西脇・織物まつり」を開催するなど、「へそ」のアピールに躍起になった。それだけではなく、公園へのアクセス駅として「日本のへそ公園駅」まで開設している。

近年も「日本のへそモニュメント」を設置したり、「日本のへそ西脇子午線マラソン」を開催するなど、西脇市のアピールは現在も連綿とつづき、その甲斐あって全国的な知名度も格段にアップすることとなった。

しかし西脇市がアピールに成功すると、同じように対抗馬があらわれはじめる。千葉県銚子市や群馬県渋川市は、それぞれの市を基点にして円を描くと日本列島がピッタリ収まるということから「日本のへそ」を主張し、新潟県糸魚川《いといがわ》市は、日本列島をやじろべえに見立てるとちょうど重心になると訴えた。

さらに、単に日本のほぼ中央にあるからとか、へそという地名があるからなどという市町村も出現し、言い分はじつにさまざま。いまや、「日本のへそ」を名乗る自治体は四〇余りにも達するという。

これらをすべて認めるとなると、やがて日本は「へそだらけ」の国になってしまうのかもしれない。

秋葉原名物・電気街が、じつは秋葉原にはない摩訶《まか》不思議

いまや「日本一の電気街」、そして「オタクの街」として世界的にも知られるようになった東京の秋葉原。しかしこの秋葉原、じつは地図上で「秋葉原」という地名を探しても電気街としての秋葉原に行き着くことはできない。なぜなら、電気街一帯の住所は「千代田区外神田」であり、秋葉原ではないからだ。

一方、台東区にも秋葉原という地名が存在する。不案内な人であれば、ここを電気街だと思い込み、間違えて訪れる人もいるかもしれない。しかし、そもそもなぜこんなややこしいことになったのかというと、電気街の秋葉原には、その昔、火よけの神を祀《まつ》った秋葉神社があったからだという。そのために、通称の地名として普及したのである。

もともと江戸は火事が多かったが、一八六九（明治二）年、一一〇〇戸を焼失する大火災がこの地で発生した。これを機に、現在の秋葉原駅東側を火よけ地、すなわち原っぱにし、それと同時に火よけの神として名高い、静岡の秋葉大権現《だいごんげん》を勧《かん》

請《じょう》したのである。

当初、この神社が「鎮火神社」と名づけられたことから、このあたりは「鎮火原」と呼ばれていた。その後、神社が「秋葉神社」と改名されると、秋葉の原っぱの意味から、「あきばがはら」「あきばっぱら」と呼ばれるようになった。

それがやがて「あきはばら」という呼び方になったのは一八九〇（明治二三）年、国鉄「秋葉原」駅ができてからのこと。その際、呼び名については一説によると、静岡の「秋葉山」が「アキハサン」という呼び名だったため、「秋葉」を「アキハ」と呼んだのだという。

それから約五〇年。戦後になってこの一帯は、ラジオ部品や電気部品などを売る小さな店が増えたことをきっかけに発展した。そして、通称としての地名「秋葉原」の名で広く知られるようになったのである。

ただ、「秋葉原」の地名の由来となった秋葉神社も、いまではこの秋葉原には存在しない。明治時代に台東区に移転してしまったのだ。そして現在は、そちらに正式な地名としての秋葉原ができたために、少々ややこしい話になってしまったというわけだ。

◉ 第3章 ◉

月が同時に三つも見える場所が和歌山県にあった!

地図のなかに刻み込まれていた
“日本固有の自然”

一級河川は二級河川より格上、と思うのは大きな間違い！

「一級は二級より格上」というのが、世間一般の常識だろう。さまざまな資格検定などにも一級、二級……とあるが、通常は二級よりも一級のほうが格上で、取得も難しくなるものだ。

そして日本の「河川」にも、なぜか一級と二級がある。利根川や信濃川といった大きな川は一級河川であることが多く、あまり知られていない河川は二級河川であることが多い。ならば、一級河川は二級河川より格が上なのかと思いきや、じつはそうではない。一級より太い河川でも二級だったり、逆に細い川なのに一級河川だったりという不可解な例もめずらしくないのだ。

河川は「河川法」という法律にもとづき、一級河川、二級河川、準用河川、普通河川の四つに分類されている。ここでいう河川は「水系」をもとにしており、水系とは水源から支川、支川から本川、そして河口へと向かうひとつづきの河川をまとめたものだ。

一級河川は国土保全上、または国民経済上とくに重要とされる河川で、国土交通大臣が指定し、原則として国が管理する。一部の区間については、国が都道府県に管理を委託することもある。前に挙げた利根川や信濃川をはじめ、石狩川、北上川《きたかみ》、最上川《もがみ》、荒川、木曽川、大井川、天竜川、四万十川《しまんと》といった誰もがその名を知っているような川は一級河川に指定されている。

これに対して二級河川は、公共の利害に重要な関係がある水域に含まれる川を指し、各都道府県知事が指定、管理している。一級河川と二級河川は水系が違うので、同じ水系内に共存することはない。一級河川に指定された川と同じ水系の川が二級河川に指定されることはあり得ないのだ。

また、準用河川は一級河川にも二級河川にも含まれない河川で、河川法の対象外になるものの、河川法を準用して管理する河川を指す。これらは市町村が管理する。

さらに、一級河川にも二級河川にも、準用河川にも含まれない河川がある。たとえば、土地改良区の灌漑《かんがい》用排水路などはこれに該当する。こうした河川は、河川法の適用も準用も受けず、河川法上は河川と認められない。しかし、だからといって放っておくわけにもいかないから、地方公共団体の条例などによって管理されているのだ。

このように、河川を管理し、その管理区分を明確にしようとして設けられたのが河川の等級なのである。流域面積が大きかったり、川幅が広ければ一級になるというものでもない。一級、二級の差は、河川の格付とはまったく関係がないのだ。

利根川はその昔、東京湾とつながっていた！

利根川は総延長三二二キロで全国二位、流域面積一万六八四〇平方キロで日本一という大きな川だ。群馬県と新潟県の県境にある大水上山《おおみなかみ》を水源として関東平野を流れ、千葉県銚子市から太平洋に注いでいる。

そんな利根川は、もともとは東京湾に流入していた。銚子市のほうに流れていたのではなく、埼玉県栗橋町のあたりから東京湾へ向かっていたのである。かつての利根川のルートは、いまでは古利根川として流れをわずかに残している。

利根川の東遷《とうせん》を構想したのは徳川家康だ。その目的は、たびたび洪水を引き起こす利根川を江戸から遠ざけることだったが、水害で実りの少ない水田地帯を美田に変え、水上交通網として確立しようとする意図もあったという。

家康は一五九〇（天正一八）年に江戸に入ると、伊那備前守忠次《いなびぜんのかみただつぐ》を関東郡代に命じた。忠次は甲州奉行《ぶぎょう》人として武田家滅亡後の戦後処理を担当していたことがあり、そのあいだに「甲州流」の河川修治技術を習得したとされる。

河川の力を利用して修治するこの技法では、自然堤防を補強し、後方に控堤《ひかえてい》を築く。そして、流路に並行した低い土手を何本もつくって水勢をそぎ、遊水池に増水を貯えるようにして被害を減少させるとともに、たまった水や肥料分の多い流土を農耕に利用した。

しかし、忠次は工事の完成を見ることなく死去。次男の忠治が忠次のあとを継いで改修工事に挑んだ。彼は現在の羽生《はにゅう》市・古河《こが》市間にある新川通と、五霞町《ごかまち》・境町間にある赤堀川を開削。洪水防止のための開削だったが、川筋に水がよく流れないために五霞町はたびたび水害に見舞われた。

そして町民の声に押され、忠治は寛永一〇年代に治水事業を開始。佐伯渠《さいききょ》を開くとともに、新川通と赤堀川を切り広げた。これによって赤堀川はやっと通水し、利

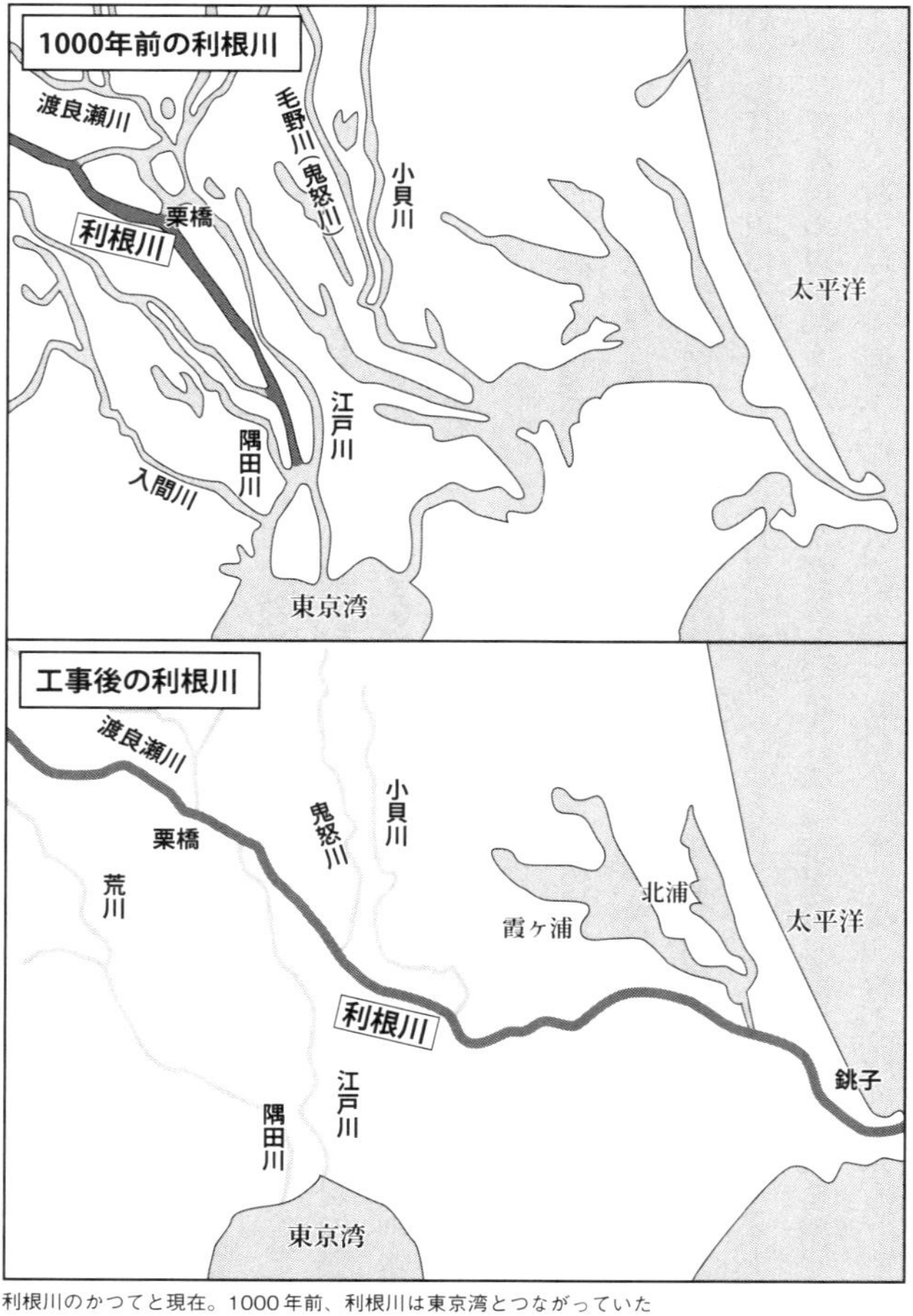

利根川のかつてと現在。1000 年前、利根川は東京湾とつながっていた

根川が常陸川筋を流れる現在の河道《かどう》が出現した。ところが、佐伯渠にはうまく水が落ちなかったために、渡良瀬《わたらせ》・利根両川の水が渡良瀬川下流の権現堂《ごんげんどう》川に集中してしまう。そこで、権現堂川を拡幅《かくふく》、逆《さか》川を開いて川幅を広げた太日《ふとひ》川へつなぎ、庄内川と分流させた。完成したのは一六四一（寛永一八）年のことだった。

こうして、五霞町付近の農地はようやく安定し、新田開発も進んだという。以後、太日川は利根川の主流をなし、新利根川と呼ばれるようになったのである。

鹿児島の南に位置する南西諸島に〝アマゾン〟がある！

鹿児島県の南から台湾にかけて連なる島々を南西諸島というが、その南西端には石垣島、竹富島、西表《いりおもて》島、与那国《よなぐに》島などからなる八重山列島が位置している。

その八重山列島のうち、もっとも大きな島が沖縄県に属する西表島だ。面積二八九平方キロ、周囲一三〇キロと、沖縄県内では沖縄本島に次ぐ大きさを誇る。

西表島の最大の特徴は、島のほとんどが未開の原生林ということだろう。西表島

西表島の川辺に生い茂るマングローブ

のある北緯二四～二五度地点の気候は、本来なら温帯に属する。しかし、それにもかかわらず亜熱帯性の気候なのは、黒潮の影響によるものと考えられている。南西諸島は世界最大の暖流である黒潮の本流の南側に位置しているため、熱帯的な気候になるのだ。

こうした気候のおかげで、島にはマングローブが生い茂り、同じ日本とは思えない景観をつくり出している。とくに東部地区の仲間川、西部地区の浦内川の河口地域に広がるマングローブ林は日本最大級の原生林だ。手つかずの自然は「日本最後の秘境」とまでたたえられている。

また、この島にのみ生息する亜熱帯

動物としてよく知られているのが、イリオモテヤマネコである。一九六五（昭和四〇）年に発見されたこのイリオモテヤマネコは夜行性の動物で、原生林のなかの大木の樹洞や岩穴に生息する。アジア大陸のヤマネコの祖先種の生き残りと見られることから「生きた化石」と呼ばれ、国の特別天然記念物にも指定されている。しかし最近は数が減少し、絶滅も心配されている。ほかにも、セマルハコガメ、カンムリワシなどの貴重な動植物が原生林のなかでひっそりと暮らしている。

一方、島の周囲はマリンブルーの海とサンゴ礁に囲まれ、島全体がラグーンのようになっている。近海で見られるサンゴは約二六〇種にもおよび、多種多様な魚類が生息。ダイバーたちにとっては憧れの海だ。

このように、島の大半が未開の原生林であることに加え、そのなかを大小無数の河川が流れる光景は、まるでアマゾンのジャングル地帯を思い起こさせる。そのため、西表島は「日本のアマゾン」とも呼ばれている。

西表島の大部分は「西表国立公園」に指定され、年間約四八万人もの観光客が訪れるという。わざわざはるか遠くの南アメリカまで出かけなくとも、〝アマゾン気分〟は日本国内で味わえるのだ。

地図に掲載されている日本一低い山は、なんとたったの標高四・五三メートル！

日本でいちばん標高の高い山は、いうまでもなく富士山で、標高三七七六メートルもある。それでは、日本でいちばん標高の低い山がどこなのか知っているだろうか。

その答えは「山」の定義によって変わってくる。「周囲より高ければ山」とするケースもあれば、「五〇〇メートル以上の高さがなければ山ではない」とするケースもあり、定義の仕方がさまざまなのだ。地図帳などでは、二〇〇メートル以上の山を茶色にして、わかりやすくしていることも多い。

だが、こうした細かな定義は置いておくとして、「地図に掲載されている山」という視点から見れば、大阪市港区にある「天保山《てんぽうざん》」が国土地理院発行二万五〇〇〇分の一地形図に載っている山のなかでは日本一低い山になる。

この天保山は江戸時代に安治川《あじがわ》の土砂を積み上げてつくられた人工的な山で、標高わずか四・五三メートル。富士山の約八四〇分の一というサイズだ。

しかし、この山が最初からこんなに低かったわけではない。江戸時代の天保年間にできた当初は、標高約一八メートル、周囲約一八〇メートル、ふもとの長さが約二キロあり、亀甲型をしたそれなりの山だった。また、山の名前もつくられた時代にちなんでつけられたものだった。ところがその後、この天保山はどんどん低くなっていく。地盤沈下の影響を受けたのだ。そしていつの間にか、知る人ぞ知るマニアックな低山になってしまった。

ただ、天保山は一九六一（昭和三六）年の地図にはたしかに掲載されていたが、一九九三（平成五）年からは姿を消す。「山と呼ぶにはあまりに低すぎる」と判断されたのかもしれない。しかし、一九九六（平成八）年発行の地図からは再び登場するようになった。この復活劇の陰には、地元の人々の熱心な運動があったといわれる。

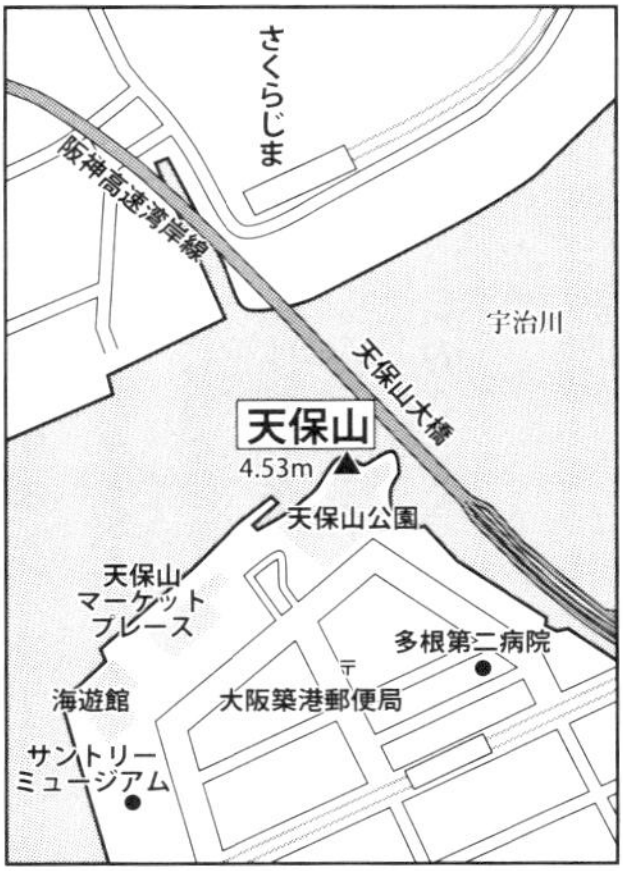

「天保山」は宇治川に面した場所にある

そんな背景がある山だけに、現在も

地元の人々は天保山を愛し、さまざまなイベントをおこなっている。登山者には登山証明書が発行されるし、四・五メートルにちなんだ毎年四月五日にはお花見登山が開催される。こうやって、全国に向けて日本一低い山をアピールしているのだ。

じつは、天保山は二等三角点の山であり、二等三角点のなかで日本一低い山ということになる。三角点とは、三角測量（位置と高さを求める測量）などに用いる緯度・経度・標高の基準となる地表の点のことで、重要性などによって一等から四等に格付される。

それでは、全国に一〇〇〇弱ほどある一等三角点の山のなかではどこがもっとも低い山なのかというと、それは大阪府堺市の大浜公園内にある「蘇鉄山《そてつやま》」になる。二〇〇〇年四月から、国土地理院発行の二万五〇〇〇分の一地形図に新たに掲載されるようになったこの山は、標高たったの六・八五メートル。天保山に負けず劣らずの低い山だ。

一等三角点はもともと蘇鉄山の東南にあった御陰山に設置されていたが、御陰山が削られてしまったため、蘇鉄山に移されたのだという。この蘇鉄山でも登山認定証を発行するなど、さまざまな形で低い山であることをアピールしているようだ。

富士五湖に二湖や三湖の時代があったってホント!?

富士山の北側に位置する山中湖、河口湖、西湖《さい》、精進湖《しょうじ》、本栖湖《もとす》は、五つ合わせて「富士五湖」と呼ばれている。都心から比較的近距離に位置し、自然環境にも恵まれていることから、年間を通して数多くの観光客が訪れる国際的な観光地となっている。

しかし、この富士五湖がかつては「二湖」だったという事実はあまり知られていない。現在五つに分かれている湖は、もともと二つの大きな湖だったのだ。

その二つの湖とは、宇津湖とせの湖《うみ》。富士山と北側の御坂山地とのあいだの谷がせき止められて誕生した。それがやがて宇津湖、せの湖、古河口湖の三つになり、さらに度重なる富士山の火山活動によって宇津湖が山中湖と忍野湖《おしの》（のちに埋没消滅）に、せの湖が本栖湖と精進湖、西湖に分かれた。現在の五湖を含む湖の誕生である。

しかし、当初は富士五湖とは呼ばれず、周囲にある田貫湖《たぬき》、芦ノ湖《あし》、四尾連湖《しびれ》を

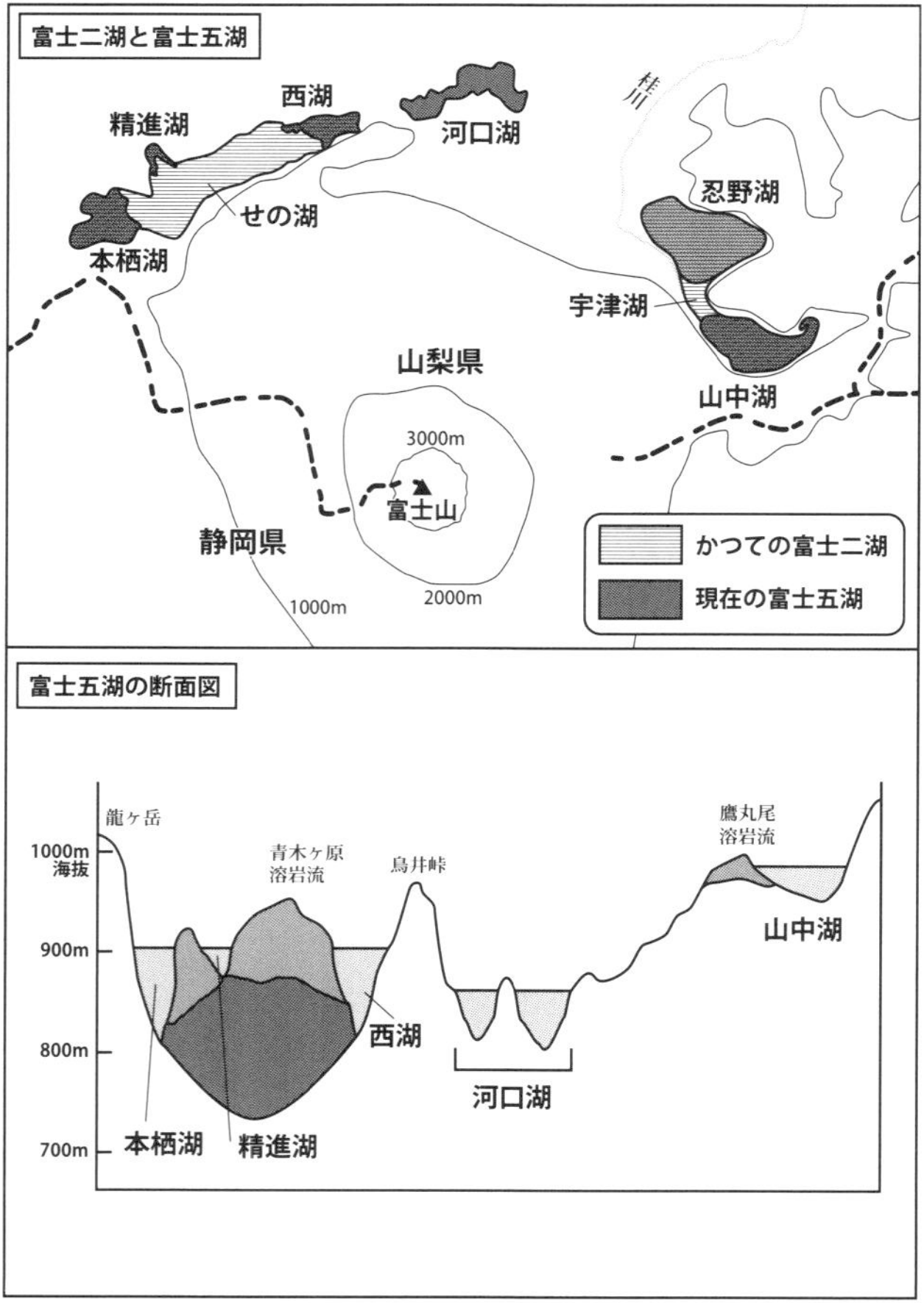

富士五湖のかつてと現在。度重なる火山活動で、湖の様相は大きく変わった

合わせて「富士八湖」と呼ばれていた。

その後、田貫湖は干上がり、のちに人造湖となったことで八湖から除外。さらに山中湖、本栖湖、精進湖、西湖、河口湖とは成り立ちが異なる四尾連湖、芦ノ湖も除外され、現在の富士五湖が残った。

さて、この富士五湖には不思議なことに、河川の流入が一本もない。川がないのに湖の水が干上がることなく残っているのはなぜなのか。この謎を解く鍵は、湖を造成した富士山が握っている。

富士山の山頂は夏の時期を除いてつねに雪で覆われている。当然、雪解け水が流れ出す川がありそうなものだが、富士山には川がない。雪解け水もはじめのうちは川のように流れ出すものの、山の中腹からふもとを覆う火山礫《れき》の隙間から地下に吸い込まれてしまう。たまった地下水は粗い岩や砂礫から伏流水となって地上に出てくる。

じつは、この伏流水が富士五湖の水源となっており、富士五湖は伏流水がたまってできた湖なのだ。

さらに、富士五湖には次のような伝説もある。本栖湖（水深一三八メートル）、精進湖（水深一三・五メートル）、西湖（水深七〇・一メートル）の海抜がまったく同じ九〇二メートルであることから、三湖は地下でつながっているのではないかというのだ。河口湖（水深一一メートル）の海抜は八三三メートル、山中湖（水深一六・四メートル）は海抜九八二メートルと、ほかの三つの湖とは海抜が違う。

水力発電のために西湖の水をくみ上げると精進湖の水位も下がるといわれ、これが伝説の裏づけとなっている。本栖湖、精進湖、西湖が遠い昔にせの湖という一つの湖だったことを考えると、地下の地層でつながっていても何ら不思議ではないのかもしれない。

信濃《しなの》川は、なぜ長野県（旧信濃）では千曲《ちくま》川と呼ばれるのか？

「信濃」は長野県の旧国名であり、信州の「信」は信濃に由来する。そして、信濃といえば「信濃川」を連想する人も多いだろうが、信濃川を地図で確認すると、「信濃川」と名づけられているにもかかわらず、じつは長野県を流れていないことに気づく。

全長三六七キロという日本一の長さを誇る信濃川は、埼玉県、長野県、山梨県にまたがってそびえる甲武信《こぶし》ヶ岳に水源を発する。この山の西側から湧き出した源流は、長野県から新潟県を通って新潟港の河口に注ぎ込んでいる。それならば、「ちゃんと長野県を流れているではないか」と思うことだろう。しかしながら、それでもやはり、信濃川は長野県を流れていないのだ。

河川は源流から河口にたどり着くまでに何度か名前を変えることがある。信濃川もこの例にあてはまり、水源から長野県を通過するまでの二一四キロは「千

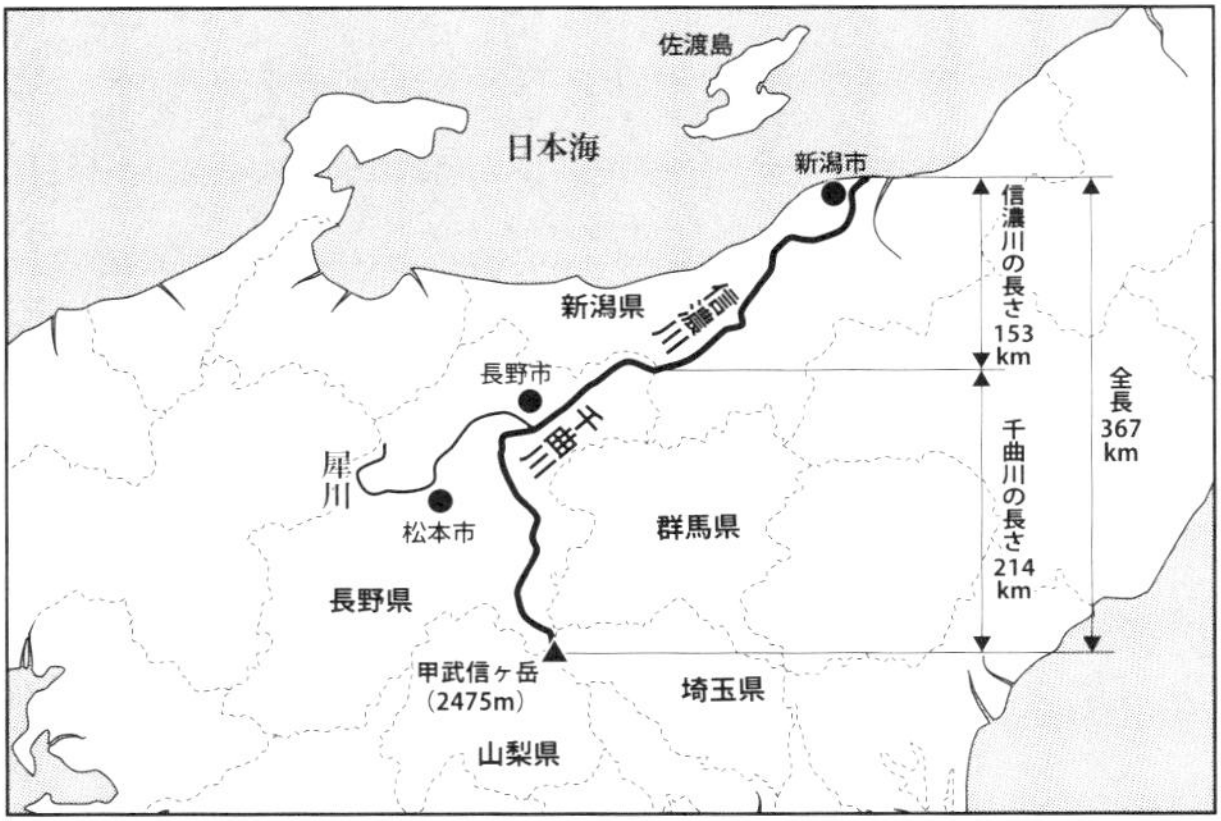

信濃川の全体図。甲武信ヶ岳を水源とし、日本海に注ぐ

曲川」という。この千曲川は新潟県に入ってはじめて「信濃川」という名前になり、そこから河口までの下流部分一五三キロが信濃川と呼ばれている。したがって、「信濃」に信濃川は流れていないことになるのだ。

ではなぜ、新潟県側に信濃川という名前をつけたのか。たとえば新潟県の旧国名をとって「越後《えちご》川」としたほうがしっくりくるようにも思われるのだが。

じつは、河川の名称は上流にある地域名などからつけられることが多い。下流域に住む新潟県側の人々からみると、上流には信濃がある。上流の「信濃から流れてくる川」ということで、新潟県の人々は「信濃川」と名づけたのだ。

なお、千曲川の名前はくねくねと曲がりくねっている川の様子から名づけられたものだが、名前の由来については次のような伝説も残されている。

はるか昔、高間《たかま》ヶ原に住む神々が大規模な戦いを起こし、そのときに流れた血潮が川になった。その血潮があたり一面にくまなく流れた様子から「血隈川」というようになり、のちに「千曲川」に変わったのだという。

川の長さからいえば、信濃川部分の一五三キロに対して千曲川部分は二一四キロと、信濃川部分のほうが短い。しかし、千曲川と信濃川が合体した信濃川の流域面積は一万一九〇〇平方メートルとなり、長野県の面積とほぼ同じ。名前が一つだろうが二つだろうが、源流から河口までつながっている川には違いない。やはり信濃川はビッグな川なのである。

月が同時に三つも見える場所が和歌山県にあった！

紀伊半島南部に位置する和歌山県田辺市中辺路《なかへち》（旧中辺路町）は、果無《はてなし》山脈を水源とする富田《とんだ》川と日置《ひき》川の流域に広がる緑豊かな町だ。町名は、かつて熊野三山への信仰の道として栄えた熊野古道・中辺路街道に由来し、二〇〇四（平成一六）年に登録された世界遺産「紀伊山地の霊場と参詣道」の地域に含まれている。

そんな中辺路には、旧暦一一月二三日（現在の一二月中旬〜下旬）の夜、月が三つ重なってみえる「三体月《さんたいづき》」の現象が起こるという伝承がある。その昔、熊野三山で修行している山伏《やまぶし》が中辺路に入ったとき、月が三つに分かれて昇るのを見て活力を授かった。山伏は、「一一月二三日の月が出たとき、高尾山の頂で神変不可思議の法力を得た。村の衆も毎年その日時に高尾山に登って月の出を拝むがよい。月は三体あらわれる」と言い残したという。

当時熊野の霊場には、野山に伏して杖をつき、不思議な呪文を唱える怪しい山伏が少なからずいたという。「三体月」を告げた山伏も見るからに薄気味悪い人物で、やはり、里の人々からは疑いの眼差しを向けられていた。

その翌年、三体月の真相を突き止めようと里の人々が高尾山に登ってみると、一体の月の左右から二体の月が出た。本当に月が三体になったのだ。現場に立ち合った人々は里に残っている人々にそのことを知らせようとのろしを上げたのだが、里から見る月はいつもと同じふつうの月だったという。

なかへち観光協会によると、この三体月の正体は地下活動で地表が温められて上昇気流が発生し、空気のムラができる「かげろう現象」が原因なのだという。かげ

三体月が見える高尾山の位置

ろう現象によって月光が屈折し、月が三つにちぎれたように見えるのだ。これは、月だけでなく太陽にも起こりうる現象のようだ。

現在でも中辺路では毎年旧暦の一一月になると、この伝承にもとづいて観月会が開かれている。当日は雑炊などがふるまわれ、山伏が参加者とともにお経を唱えて月の出を待つそうだ。寒い冬、世界遺産の地で食べるアツアツの雑炊はさぞかしうまいに違いない。

江戸時代の地震で別府《べっぷ》湾に沈んだとされる伝説の島「瓜生島《うりゅうじま》」

大西洋には、繁栄をきわめていた巨大な大陸が、ある日突然海の底に沈んでしまったというアトランティス大陸の伝説が残されており、いまだ解明されない古代の謎として長く語り継がれてきた。だが、それと同じような言い伝えが日本にも存在する。大分県の別府湾に浮かんでいた島が、江戸時代に突如沈んでしまったという「瓜生島」の伝説だ。

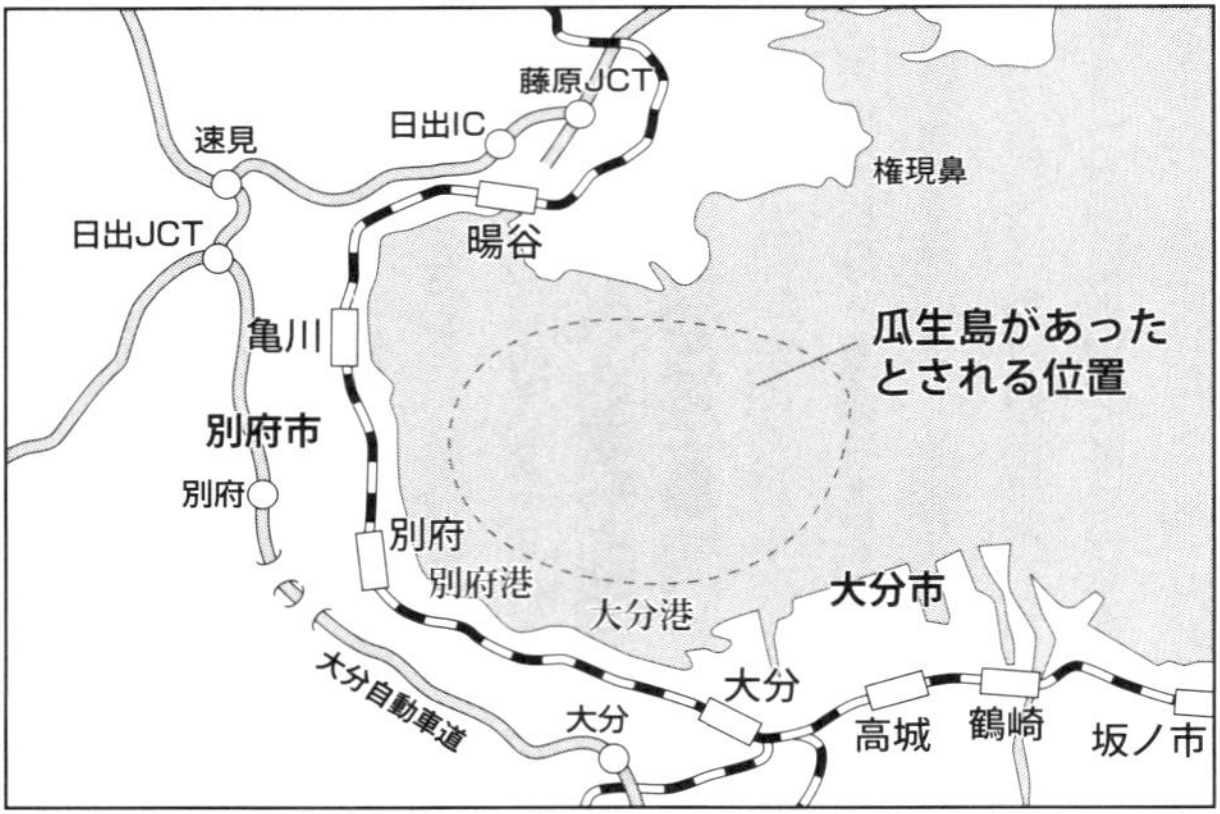

大地震で発生した大津波とともに海に消えた瓜生島の推定位置

府内藩の戸倉貞則という人物が昔話や伝承をまとめた『豊府聞書』によると、当時の別府湾には大小数々の島があり、湾内でもっとも大きい島が瓜生島だったという。その大きさは東西約四キロ、南北約二キロにおよび、約五〇〇〇人の島民が住んでいた。寺院や神社なども置かれていたようだ。

そんな瓜生島をある日大地震が襲う。一五九六（慶長元）年九月四日の夕方のことだ。島は激しく揺れ、地割れや山崩れが起きた。被害は島だけでなく、豊後《ぶんご》国《くに》(現在の大分県)全域におよんだという。

揺れがいったんおさまったため、避難していた人々が家に戻ったところ、今度は海がうなり声を上げはじめた。島民は取るものも取らずに逃げまどったが、海水がみるみる沖へと引いていき、次の瞬間、大津波が押し寄せて島を飲み込んだ。そして波が引くと、島は海に消えてしまった――。

この瓜生島の伝説は地元の人々に長く信じられてきた。しかし、瓜生島があったとされる海域では島の痕跡が確認できず、伝説の域を出なかったという。

そういったなかで大分大学が調査をおこなったところ、海中で寺院や神社の遺構らしき影を発見。伝説の島の存在があらためてクローズアップされることとなった。『海に沈んだ島　幻の瓜生島伝説』（加藤知弘・関口シュン）によれば、かつて瓜生島に瓜生山威徳《いとく》寺という寺があり、これが島名の由来になったのではないかと推測されているという。そして現在、威徳寺は大分市内に移っているが、和尚の瓜生氏に島のことをたずねてみると、「たしかにうちのお寺は瓜生島にありました。これは先祖代々語り継がれてきたことですから、確かなことです」と答えたそうだ。

はたして伝説は真実か否か。瓜生島が存在していた可能性は高いが、地元では新たな調査をまだおこなっていない。真の姿はいつ明らかになるのだろうか。

美しい霧の摩周湖《ましゅう》。しかし、法律上は湖ではなく〝ただの大きな水たまり〟!?

北海道釧路市の北部、弟子屈町《てしかがちょう》にある摩周湖は、「霧の～」と冠されるとおり、湖面を霧で覆われることが多く、神秘の湖として知られている。湖の南東部には標高八五八メートルのカムイヌプリ（摩周岳）がそびえ立ち、面積は一九・六平方キロ、最大水深は二一一・五メートルもある。二〇〇一（平成一三）年には北海道遺産にも指定されている。

摩周湖は誰がどう見ても立派な湖なのだが、じつはこの湖、「湖」ではない。法律上、湖とみなされていないのだ。

明治時代、摩周湖は宮内大臣名義の土地だった。戦後になって国有財産として管移されることになるのだが、登記上は以前と同じ宮内大臣名義となっていた。それが、二〇〇一年に名義変更がおこなわれることになったとき、思わぬ問題が発生する。

名義変更によって、摩周湖は当時の農水省か国土交通省の管轄になる予定だった。ところが摩周湖には樹木がなかったため、農水省名義で登記することができなかった。また、摩周湖を水源とする河川もないため、国土交通省の名義にもできなかったのだ。

摩周湖は日本屈指の透明度を誇る湖だが、火山が陥没してできたカルデラ湖なので樹木が生えていない。河川については、カムイヌプリの北東部に二本の細流があり、そのうちの一本からわずかな水量（毎秒一・二五リットル）が流れ込んでいるだけ。摩周湖は、降水が最大の水源となっているのだ。

この問題が発覚するきっかけになったのは、土地開発業者が旧御料地の開発のために摩周湖の土地所有者を探そうとしたことだった。調べてみると、農水省名義ではなく、国土交通省とも違う。「それではどこなのだ……」となったわけだ。

しかし二〇〇三（平成一五）年四月、湖のなかにあるカムイシュ島が農林水産省林野庁の所官とされ、摩周湖の管理は林野庁がおこなうことで決着した。

これで一件落着となればよかったのだが、湖面についてはまだ登記できない状態がつづいている。つまり、現在の摩周湖は農林水産省の管理下にあるものの、所有省庁のない無登記の「大きな水たまり」なのだ。もちろん、これは法律上の話にすぎず、実際は湖に違いないのだが……。

京都の景勝・天橋立《あまのはしだて》は、どのようにして、あの摩訶《まか》不思議な地形になったのか？

宮城県・陸奥《むつ》の松島、広島県・安芸《あき》の宮島（厳島《いつくしま》）、そして京都府・丹後《たんご》の天橋立は、その絶景から「日本三景」と称されている。日本三景という発想は、江戸時代の儒学者・林羅山《らざん》の子である林春斎《しゅんさい》が一六四三（寛永二〇）年に松島を天橋立、厳島とともに「三処奇観たり」とのべた『日本国事跡考』に起源があり、そこから一般に広まったと伝えられている。

そのうち「天橋立」は、宮津市の宮津湾北西岸にある江尻から南西に向かってのびた細長い砂浜だ。沿岸流などによって運ばれた砂が細長く堆積してできた地形を「砂嘴《さし》」というが、天橋立はその砂嘴でできた砂浜で、幅約二〇～一七〇メートルの白い砂嘴が約三・六キロもつづいている。

この砂浜には内陸と外界をつなぐ水路が二か所あり、それぞれに廻旋橋、大天橋という橋がかかっている。

天橋立で有名なのが、通称「股のぞき」と呼ばれる眺め方だ。天橋立の北側にある傘松公園に立ち、自分の股のあいだから逆さに景色を眺めると、まるで橋が天に向かってのびているように見える。この方法は昔から知られていて、いまでも股のあいだから景色を見ている観光客をよく目にする。

それにしても、いったいなぜこんな摩訶不思議な地形が誕生したのだろうか。美しさと同時に神々《こうごう》しささえ感じられる天橋立の景観には、阿蘇海に注ぐ野田川のほか、季節風や海流が深く関係しているという。

天橋立の阿蘇海側では、野田川の水流が内陸から大量の土砂を運んできて沖へと流す。一方、宮津湾側では、対馬海峡

日本三景・天橋立を上空から望む

から宮津湾に入る潮流が同じく大量の土砂を運んでくる。この川の流れと潮流がぶつかり合うことで、それぞれが運んできた土砂が堆積する。

とくに冬は大陸から吹きつける季節風によって土砂の量が増え、多量の土砂が堆積することになる。これを数千年ものあいだ繰り返すことで、土砂が細長く堆積した砂嘴ができ、現在のような地形が誕生したのだ。

ただし、室町時代の絵図を見ると砂浜が短かく描かれているから、こうした地形になったのは比較的新しい時代と考えられている。室町時代以降、砂の供給源である丹後半島で森林伐採や火入れが活発になり、海へ流入する土砂の量が増加して、二〇〇〇年ぐらい前に現在の姿とほぼ同じ形になったらしい。

天橋立のある丹後半島には『古事記』などの記述に関係が深い場所が多く、古墳などの歴史的遺物の発掘も数多くおこなわれている。

天橋立は、そうした土地にふさわしい神秘的な地として、いまも多くの人々をひきつけてやまない。

夜景で有名な函館山は、かつて「島」だった

函館の夜景はナポリ、香港とともに世界三大夜景の一つに数えられる。函館山から見下ろす市街地は無数のネオンでまばゆく輝き、まるで宝石箱をひっくり返したような美しい景色を見せる。

函館山は、津軽海峡に突き出るようにして半島の先端に位置する、標高三三四メートルの山。三辺を海に囲まれ、残りの一辺は市街地に接している。また、牛が寝そべった姿に形が似ていることから「臥牛《がうし》山」とも呼ばれる。

夜景もきれいだが、昼間の展望もなかなかのもの。北を見れば市街地を挟んで亀田山脈から恵山《えさん》岬までを望むことができ、南を見れば海峡の向こうに津軽・下北半島が見える。このように、函館山は絶好の展望スポットなのだ。

だが、そんな函館山がかつては「島」だったことを知っているだろうか。もともと陸から離れた島だったのが、砂洲によって北海道本土と陸つづきになったのである。

砂洲とは、簡単にいえば、沿岸流によって運ばれてきた漂砂が堆積してできた地形だ。沖合からの波が島をまわり込んでぶつかる場所に波の静かな海域ができる。そこに河川から流出した土砂が堆積し、長い年月を経て砂洲となる。函館山と北海道本土は、この砂洲によって陸つづきになったのだ。

　こうして砂洲によって陸つづきになった島のことを「陸繋島《りくけいとう》」といい、函館山はその代表格といえる。この陸繋島は全国各地に存在し、神奈川県湘南海岸にある江ノ島や、熊本県天草郡にある富岡半島も陸繋島として知られている。

　海水浴やマリンスポーツでにぎわう江

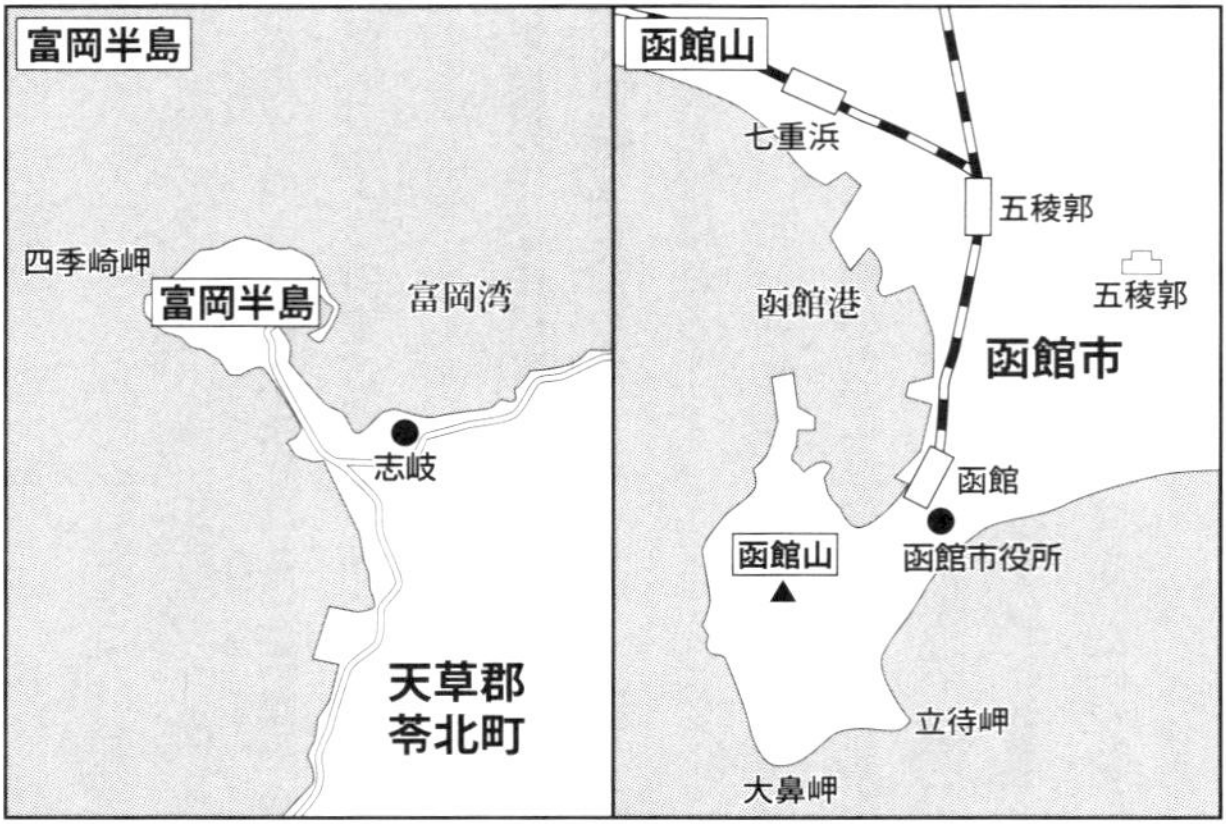

代表的な陸繋島。北海道にある「函館山」と、熊本県にある「富岡半島」

ノ島は、もともと満潮時に対岸の片瀬とのあいだを結ぶ砂洲が水没して島となっていたが、現在は完全な陸繋島だ。

周囲四キロのこの小さな島の地形は複雑で、周囲を海蝕崖《かいしょくがい》で覆われ、岩礁や洞穴が多数ある。ここから眺める海の景色は絶景で、とくに相模湾の水面を茜《あかね》色に染めながら吸い込まれるように落ちていく夕日はまるで絵画のようだ。

また、富岡半島の先端には、砂嘴《さし》でできた曲がり崎が伸びている。その海岸線には県指定の天然記念物ハマジンチョウの群生地があり、一～三月の開花の季節には淡い紫色の花を咲かせる。ここは特異な景観と環境保護を目的に、一九五六（昭和三一）年に雲仙天草国立公園に指定されている。

地図には載っているのに、ふだんは海中に沈んでいる幻の島「八重千瀬《やびじ》」

沖縄県の沖縄本島から南西に約三〇〇キロ離れたところに、弓のような形をした平たんな島がある。台風の通り道としても知られる宮古島だ。

そして、その宮古島の北には、地図に載っているにもかかわらず、ふだんはどこにも見あたらないという不思議な島が存在する。

島の名前は八重干瀬。いつもは海中に沈んでおり、毎年四月初旬、旧暦の三月三日頃に数日間だけ姿をあらわすという幻の島だ。

八重干瀬はけっして小さな島ではなく、南北約一〇キロ、東西約七キロ、面積約二五平方キロもある。驚くべきことに、この大きさは宮古島に匹敵する。

しかし、それほど大きな島がふだんは海のなかに姿を隠しているというのは、なんとも奇妙な話だ。なにか秘密でもあるのだろうか。

じつは、八重干瀬は巨大なサンゴ礁なのだ。この一帯には多数のサンゴ礁群が広がっていて、そのほとんどは海中に沈んでいるものの、干潮で潮が大きく引くと海面にその姿をあらわす。

毎年春先に浮上する理由についてはまだ詳しくわかっていないが、気圧の変化と大潮の影響によるものではないかと考えられている。八重干瀬付近の海域は、気圧の変化によって春先になると干潮が激しく起きる。そのため海面が低くなり、ふだんは見られない陸地が姿をあらわすのだ。

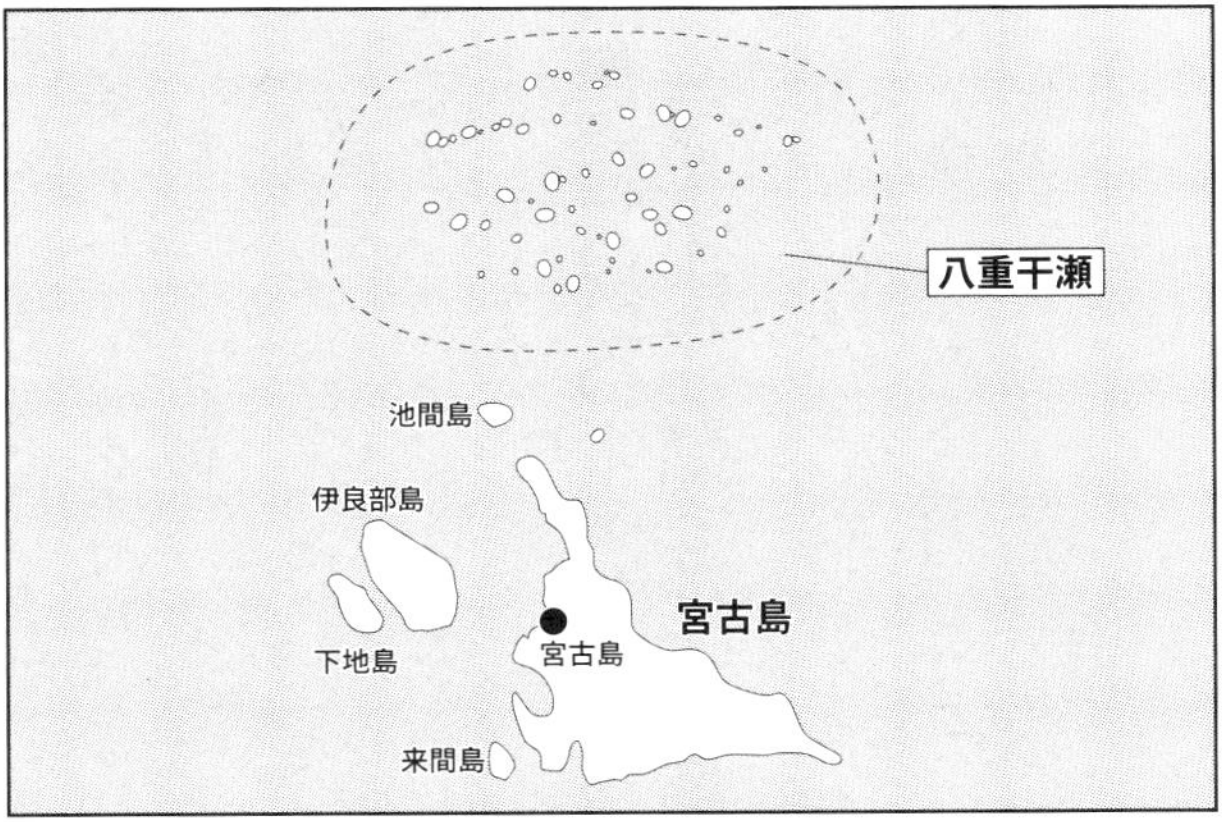

宮古島と巨大なサンゴ礁群・八重干瀬の位置

八重干瀬は民俗学者柳田國男の著書『海上の道』にも登場するなど、昔からその存在が知られていた。また、周囲は豊かな漁場であるため、島が姿を見せると、そのたびに潮干狩りの人々が押し寄せたという。

ところが、やがてこの幻の島を売りものとして利用する人々があらわれはじめ、環境破壊につながる行為も目につくようになった。自然に配慮を欠いた無軌道なツアーなどが原因で、サンゴ礁がボロボロに破壊されてしまうという問題が生じたのだ。

最近は、こうした事態に心を痛めた地元の人々が環境保全のガイドラインを制定し、春以外は上陸を禁止するなどして島の保護に努めている。春のツアーの際もボランティアスタッフが同行するため、勝手に海産物を採ったり、サンゴ礁の破壊につながるような行動はいっさいできない。事前のレクチャーもしっかりとおこなわれているようだ。

島の保護は、こうしてさまざまな形で進められている。めったに見られない貴重な自然だけに、ぜひとも後世まで残していきたいものだ。

標高一〇〇〇メートルを超す立派な山を「森」と呼ぶ地域がある

「森」というと、木が鬱蒼《うっそう》と生い茂っている場所をイメージするのが一般的だろう。ところが、岩手県から秋田県にまたがって広がる八幡平《はちまんたい》付近や四国の背稜山脈では、一〇〇〇メートルを超す立派な山が「森」と呼ばれているのだ。山は通常「〜山」「〜岳」「〜峰」と名づけられるので、山を指して「森」と呼ぶのは妙な感じがする。これはいったい、どういうことなのだろうか。

『世界山岳百科事典』によると、「モリ」とは本来「森」の意味ではなく「盛り上った」という意味で、ドーム状の山にこの名がつけられているケースが多いという。事実、福島県会津若松市の飯盛山《いいもり》や駒ヶ岳の隅田盛などはそれほど標高が高くなく、地面から盛り上った形をしている。

しかし、なかには一〇〇〇メートルもの標高をもち、ピラミッド状にそびえ立っているのに「森」と呼ばれる山もある。これではとうてい、「盛り上った地形」という定義にはあてはまらない。

山を「森」と呼ぶ理由については、もう一つべつの解釈もある。『地名の由来を知る事典』（武光誠）によれば、「森」という地名には、神の住む森や神社をあらわすものがあるという。

奈良時代から修験《しゅげん》の山として知られ、西日本一の標高を誇る愛媛県の石鎚《いしづち》山付近には、瓶《かめ》ヶ森、堂ヶ森など一〇か所以上「森」のつく山が集まっているが、これらはみな、神が宿る信仰の地として崇《あが》められてきた山だ。また、社殿の裏山が「鎮守《ちんじゅ》の森」と呼ばれることでもわかるだろう。

とはいえ、どちらの説にも確証はない。「盛り上がった地形」に由来するのか「神の住む場所」からきているのか、その真相はいまだ謎のままだ。

日本の国土は、毎年東京ドーム一七八個分ずつ拡大しつづけている！

領土をめぐる問題が数々の紛争の引き金になってきたことでもわかるように、一国の土地の増減は、たとえそれがわずかな面積であっても、きわめて重要な問題になってしまう。

だからこそ、日本の国土が毎年拡大しつづけていると聞いて驚かない人はいないだろう。国土地理院の発表によると、日本の国土面積は二〇〇五（平成一七）年から一年間で八・三六平方キロも増加したのだという。これはなんと、東京ドーム約一七八個分に相当する。都道府県別に見てみると、もっとも面積が増えたのは大阪府の二・五二平方キロ、第二位が沖縄県の〇・六九平方キロ、第三位が広島県の〇・六〇平方キロとなっている。

温暖化による海水面の上昇で面積を減らしている国がある一方で、日本の土地が毎年増えているというのはなんだか喜ばしいようにも思える。だが、これは何が原因なのだろうか。

じつは、日本における面積の増加は、埋め立て、人工島の造成によるものがほとんどなのだ。

日本における埋め立てや人工島造成の歴史は意外に古く、七世紀初頭にはすでに、佐賀県杵島《きしま》郡での干拓が記録されている。一二世紀になると、平清盛が広さ三〇ヘクタールほどの経《きょう》ヶ島を築島し、近世では長崎の出島や品川の台場などが築島されている。

そして、昭和三〇年代になると産業の発展にともない、臨海工業地帯の埋め立て造成が急増した。さらに、昭和四〇年代からは国防や交通基地を目的として、大阪南港、神戸ポートピアアイランドなどの出島式埋め立て造成や日本鋼管扇島や長崎空港などの沖合人工島がつくられるようになった。昭和六〇年代以降も、関西国際空港、横浜八景島などが造成され、いまなお多くの人工島、埋め立て計画が進められている。

埋め立てられた土地が担う役割は、ごみ処理であるケースが多い。ごみ埋め立ての歴史は一六六五（寛文五）年までさかのぼることができ、ごみの処分先の確保、土地造成の必要性は当時からすでに問題になっていたという。

明治の中頃には東京市の仕事としてごみ処理が位置づけられ、昭和二〜三〇年代までは現在の江東区潮見で野焼き方式によるごみ処理がおこなわれた。そして、一九五七（昭和三二）年には「夢の島」の愛称で知られる一四号地の埋め立てが開始。その後、一〇年間埋め立てがつづけられた。また、国土交通省（旧運輸省）は一九七三（昭和四八）年度から廃棄物埋め立て護岸整備事業を進めており、首都圏を中心に廃棄物の最終処分場としても埋め立てが進められている。このための造成面積は約一五〇〇平方キロで、これは国土面積の約〇・五パーセントにまで達するものだ。

しかし、東京湾内にはごみ処理場を設置できる水面はもうないという。今後はごみの減量やリサイクルをより一層推進するとともに、出されたごみについても同じような対策が必要だとされている。

日本三景・松島は、いつしか一つの陸地になってしまう!?

松島や　ああ松島や　松島や

これは江戸時代の俳人・松尾芭蕉《ばしょう》が詠んだとされる句である。芭蕉は松島のあまりの美しさに思わず言葉を失い、この句ができたとされている。「俳聖」と呼ばれた芭蕉を絶句させるほど、松島は絶景だったのだ。

そんな松島は、約三〇キロの海岸線に囲まれた、宮城県の松島湾にある。湾内には約二六〇もの島々がそこかしこに浮かんでおり、島と島とは手を伸ばせば届きそうなくらい近くに位置しているところもある。そして、水深は一～三メートルと浅く、大きな川も注ぎ込んでいないので、土砂が運ばれてこない。この地形を活かし、松島湾では海苔やカキの養殖が盛んにおこなわれている。

ところが、この風光明媚《ふうこうめいび》な松島が、いつか陸つづきになってしまうのではないかと心配する声があるという。

一万年近く前、松島湾の海水面はいまより三〇メートルほど低い位置にあり、陸つづきになっている一つの島だった。やがて、海水面が徐々に上昇していき、低い部分は海水に侵食されて内海や入江となり、高い部分は半島や島となった。現在のような多島海は、そうやって出来上がったのだ。

いまでも松島湾の一部の地盤は沈降し、ある部分では逆に隆起しつつあるという。前述したとおり、湾内の水深はわずか一～三メートル。このまま隆起がつづき、海底が海面上に顔を出したとすると、松島は再び陸化する可能性があると考えられている。

松島は生きている多島海。誠に残念なことだが、何千年、何万年後かには、こ

松島湾内に浮かぶたくさんの島々

の絶景もすでに失われてしまっているのかもしれない。

千葉県房総《ぼうそう》半島の南端はかつて、サンゴ礁に彩られた美しき海域だった

サンゴ礁といえば、誰もが南の海を思い浮かべるだろう。だが、千葉県房総半島の海には小さいながらもサンゴの群生地があり、現在も二五種類ものサンゴが生息している。

その場所は房総半島の南端、館山《たてやま》湾の水深一〇メートルほどの海底で、ここが世界最北端のサンゴ群生地となる。サンゴが生息できるのは、一年を通じて水温が比較的高い海域だ。産卵は、水温が二五度にまで上がる夏におこなわれ、冬に海水の表面温度が一八度以下になるような海底では生息することができない。

房総半島付近の海域は、冬には一五度以下にまで水温が下がってしまうが、南端の海域ならばサンゴの生育圏としてはギリギリとなっている。南の海に生息しているサンゴが産んだ卵が、温暖な黒潮に乗って運ばれて房総半島にぶつかり、この海域

に定着したのだろう。

いまから六〇〇〇年ほど前、館山湾には現在よりもはるかに大きな規模のサンゴ群生地があった。化石調査では、八〇種類以上のサンゴが生息していたことがわかっているし、実際にはもっと多くの種類が生息していたと考えられている。また、サンゴの化石と一緒に、ミロイガイやベニエガイ、オハグロガキなど、現在の館山湾には生息していない熱帯種の貝の化石も見つかっている。

また、サンゴは海水の温度が高ければ、それだけ速く成長する。キクメイシという種類のサンゴの化石を調べてみると、一年間で四・六一ミリ成長しており、これは現在の奄美大島海域の値に近いという。このことから、約六〇〇〇年前の房総半島の南端は、現在の南九州から奄美大島ほどの、暖かくて豊かな海だったと考えられている。

館山でサンゴが見られるのは、海だけではない。海岸から一キロほど内陸に入った崖の下、標高二〇メートルほどもある小高いところでサンゴの化石が発見されている。あたりの地名が「沼」ということで、「沼サンゴ」と呼ばれているこの化石は、かつてここが温暖な海だったこと、また、海岸線がいまより高かったことを証明している。

なお、サンゴは東京湾にもわずかながら生息しているという。サンゴが生きるために必要な酸素や栄養分は、褐虫藻《かっちゅうそう》という植物が光合成によってつくり出している。そのためサンゴは、海底に日光が届くほど透明度の高い海でしか生きられない。ところが驚くべきことに、ヘドロでいっぱいといわれている東京湾にも、奇跡的に生きているサンゴがいるというのだ。

いまわれわれにできることは、美しくて貴重なサンゴたちが、これからもずっと健やかに生きていけるよう、東京湾をよりキレイな海にする努力をおこたらないことなのかもしれない。

北国・北海道にも日本三景「天橋立《あまのはしだて》」があるってホント!?

京都府宮津市にある天橋立は日本三景としても有名な景勝地であり、その情景は、古くから文学や絵画の題材となってきた。ところがその天橋立が、なんと北海道にもあるのだという。

　とはいっても、もちろん同じものが北海道に存在するわけではない。沿岸流によって運ばれた砂礫《されき》が長いあいだに積もり積もってできた「砂嘴《さし》」という自然地形の「野付《のつけ》半島」が、北海道東部にある標津《しべつ》町南部からオホーツク海に向かって突き出している。

　この半島を〝北海の天橋立〟に讃えたのは、明治の文人・大町桂月《けいげつ》だ。桂月は古典に詳しい美文家で、後半生は旅に過ごして数多くの紀行文を発表している。

「野付」とはアイヌ語の「あご」に由来する言葉で、湾を抱え込むように急カーブを描く雄大な眺めは、さぞかし桂月の

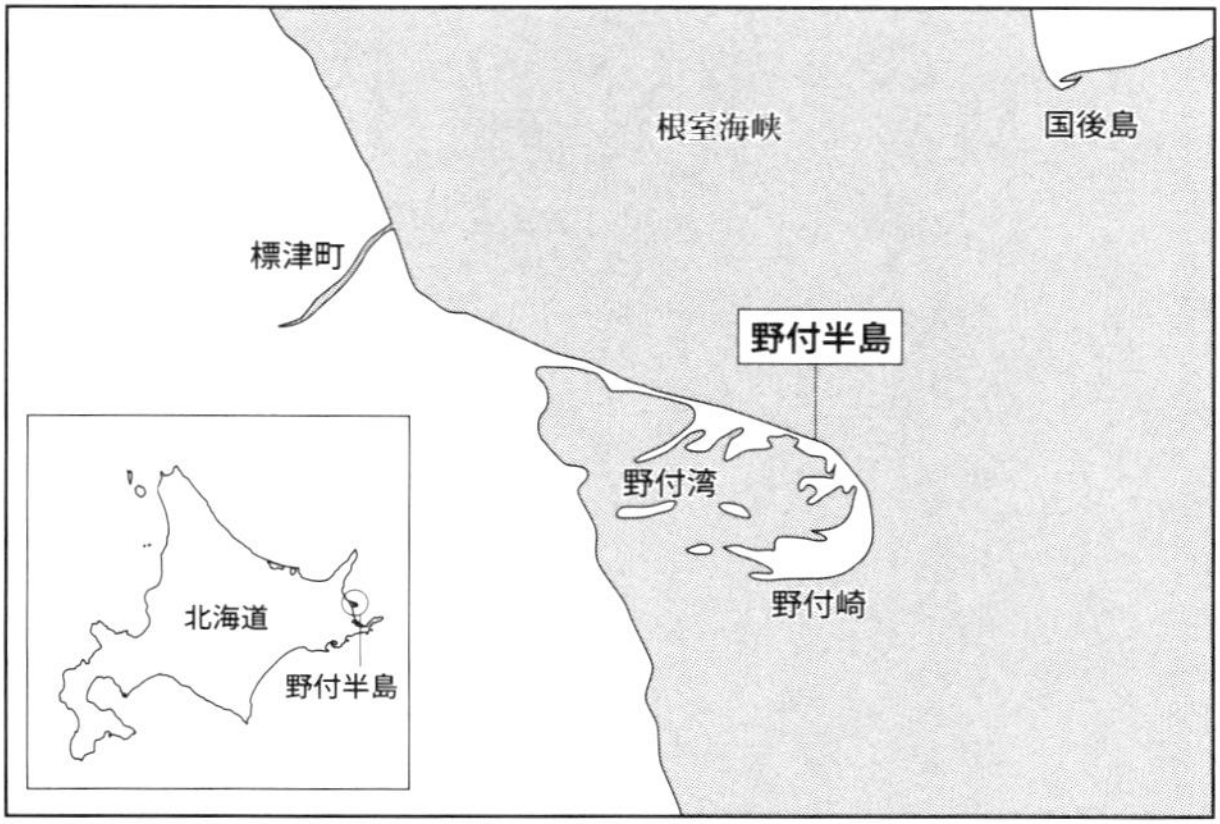

“北海の天橋立”といわれる、標津町の野付半島

心をとらえたことだろう。

じつはこの野付半島、京都の〝本家〟天橋立よりもスケールの点ではずっと勝っている。天橋立の長さは約三・六キロだが、野付半島の長さは約二八キロにもおよび、日本の砂嘴としては最大級の規模といえる。そして、これほどの長さがあるにもかかわらず、もっとも狭い部分では幅は一三〇メートルしかなく、もっとも高いところでも標高は五・五メートル、そして半島に囲まれた野付湾の深さは一〜三メートルほどと、非常に特異な地形なのだ。この地形は三〇〇〇年前後の歳月をかけてできたものと考えられ、二〇〇五（平成一七）年にはラムサール条約にも登録されている。

かつて、砂嘴の上には森林が広がっていたが、海岸の沈降によって枯れたものが多く、現在では大部分が草原となっている。ハマフウロやハマナス、アッケシソウなどの植物や、カワラヒワ、シギ、チドリなどの野鳥も豊富に見られ、牛や馬の放牧もおこなわれている。

また、野付半島の形はしばしば〝エビのしっぽ〟と形容されるが、内側の海は実際にエビの産地としても知られていて、ここは光景の美しさだけではなく〝実《じつ》〟もともなっているようだ。

日本で初日の出がいちばん早く見られる場所ってどこだ？

日本じゅうの誰よりも早く初日の出を見たいなら、いったいどこに行けばいいのだろうか。

日本の国土のなかで、一月一日にもっとも早く太陽が昇るのは、東経約一五四度、北緯約二四度に位置する南鳥島《みなみとり》で、その時刻は五時二七分となっている。しかし、ここは本州のはるか南東海上にある無人島なので、ちょっとやそっとで行ける場所ではない。

人が定住している場所でもっとも初日の出が早いのは、約四四〇人（二〇〇五年）の人口を有する小笠原諸島の母島だ。海上保安庁発表のデータによると、初日の出の時刻は六時一六分となっている。

また、島を除く北海道、本州、四国、九州のなかでもっとも早く初日の出が見られるのは、静岡県と山梨県にまたがる富士山の山頂である。地球は丸いので、標高が高い場所ほど早く初日の出を見ることができるが、元旦の富士山では六時四二分に御来光《ごらいこう》を拝むことができる。

ただ、冬山には誰もがそう簡単に登れるものではない。山を除いて考えれば、「日本最東端の納沙布岬《のさっぷみさき》が早いはず」と考える人も多いだろう。だが、日が昇る時刻は経度だけでなく緯度によって、また、季節によっても違いが生じ、初日の出がある冬には、南東に行くほど早く日が昇る。だから、北海道最東端の納沙布岬の初日の出は六時四九分だが、本州最東端の犬吠埼《いぬぼうさき》では六時四六分と、犬吠埼のほうが三分ほど日の出時刻が早くなっているのだ。

また、夏至《げし》の前後には、北東の方向にある場所ほど日の出が早くなるし、春分や秋分の頃は東ほど早い。季節によって違うのは、地軸の傾きの影響だ。地球全体で見ると、経度の同じ場所ならば、夏は北半球、冬は南半球のほうが日の出が早いし、緯度が高いほど季節による差が大きいのだ。

なお、日本でもっとも初日の出が遅いのは日本最西端にある与那国島で、その時刻は七時三一分となっている。

◉ 第４章 ◉

女性が足を踏み入れてはいけない禁断の島が、まだ日本にあった！

地図のなかに脈々と息づく
日本史の爪痕

かつて千葉県が、北を「下総《しもうさ》」、南を「上総《かずさ》」と呼ばれていた、上下逆さまの摩訶《まか》不思議

その昔、千葉県は「上総国」「下総国」と呼ばれていた。上総国は現在の千葉県南部、下総国は北部にあたる。つまり、下総が上総の北にあり、地図で見ると上側に位置していたということになるが、「下総」が上で、「上総」が下という位置関係には、やはり違和感を抱く人が多いだろう。

だが、昔の国名のつけ方からすると、これはごく自然なことだった。当時は地図上の位置関係で「北を上、南を下」とするのではなく、都である京都に近いほうを上、遠いほうを下としていた。だから、京都に近い県南部が「上」になるのは当然だったのだ。

しかし、それでもやはり疑問は残る。陸路を使って房総半島に向かった場合、東海道で下総を通ってから上総に入らねばならない。つまり、陸路では下総のほうが京都に近いことになるのだ。とすれば、やはり上総・下総というネーミングは、逆でなければおかしいのではないだろうか。

これには当時の交通事情が深く関係している。東海道といえば当然陸路だと思うかもしれないが、じつは陸路としての東海道が確立したのは江戸時代になってからのことだった。一七世紀前半に、江戸の日本橋から京都の三条大橋まで五三の宿場町が設けられ、五街道の一つとして発展した。

それ以前の東海道は、京都から太平洋沿岸を進んで東国へと至る道であり、そこには海路も含まれていた。江戸時代以前は、陸路よりむしろ海路によるルートのほうが栄えたほどだったという。

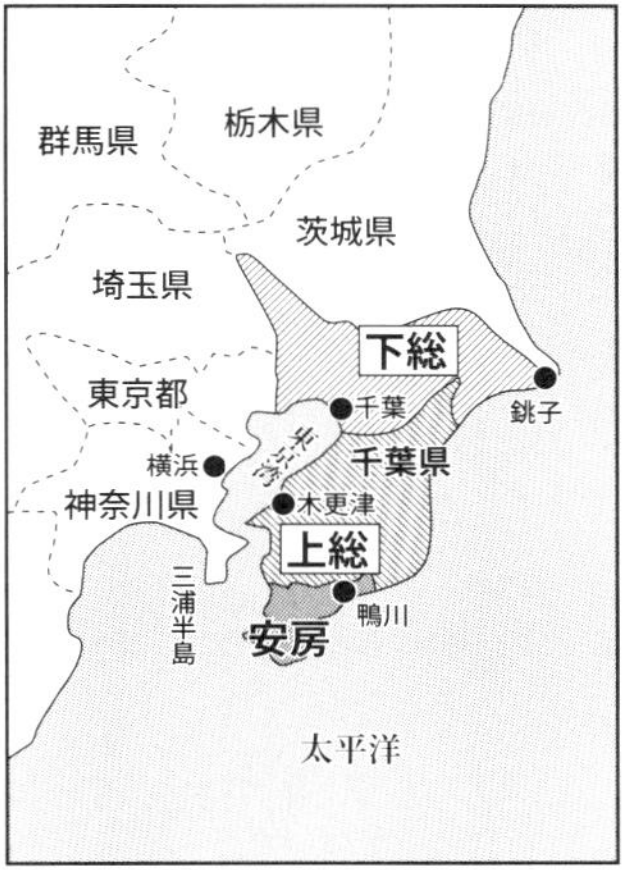

「上総」と「下総」の位置関係

海路にもいくつかのルートがあったが、もっとも一般的な海路を使うと、下総より上総のほうが京都に近くなる。だから当時としては、北が下総で南が上総という国名はけっして不自然ではなかったのだ。

同じように、京都からの距離によって「上」「下」がつけられた国名としては、上野国《こうずけ》（群馬県）と下野国《しもつけ》（栃木県）がある。これらもまた、京都を中心とした位置関係によってつけられた国名だ。

さらに、現在もよく使われる「近畿」という地方名は、「畿内《きない》に近い地域」を意味する。畿内とは古代中国における行政区域のことで、日本では京都、奈良を中心とした地域のことを指す。平城京や平安京を見てもわかるように、畿内は長いあいだ日本の行政の中心地として栄えた。そこを中心に見て、近畿という地名がつけられたわけだ。

このように、地名にはその所在地の位置関係が、大きく関わっているケースがよくあるのだ。

秋田県の八郎潟はその昔、琵琶湖に次ぐ広さの巨大湖だった！

日本で最大の湖といえば、約六七〇平方キロの広さを誇る滋賀県の琵琶湖だが、かつては琵琶湖に次ぐ全国第二位の面積をもちながら、現在では小さくなってランキングから転落してしまった湖がある。

その湖とは、秋田県にある八郎潟だ。

秋田県男鹿半島のつけ根に位置する八郎潟は、面積四八平方キロの淡水湖。ワカサギなどの佃煮が名産品として知られている。

そんな八郎潟はかつて、面積約二二〇平方キロもある巨大な湖で、琵琶湖に次ぐ広さを誇っていた。それがどうして現在のような小ぢんまりとしたサイズになってしまったのかといえば、それは干拓のためであった。

男鹿半島はもともと本州から切り離されていた島で、八郎潟はそのあいだに横たわる海だった。しかし、海水面の低下

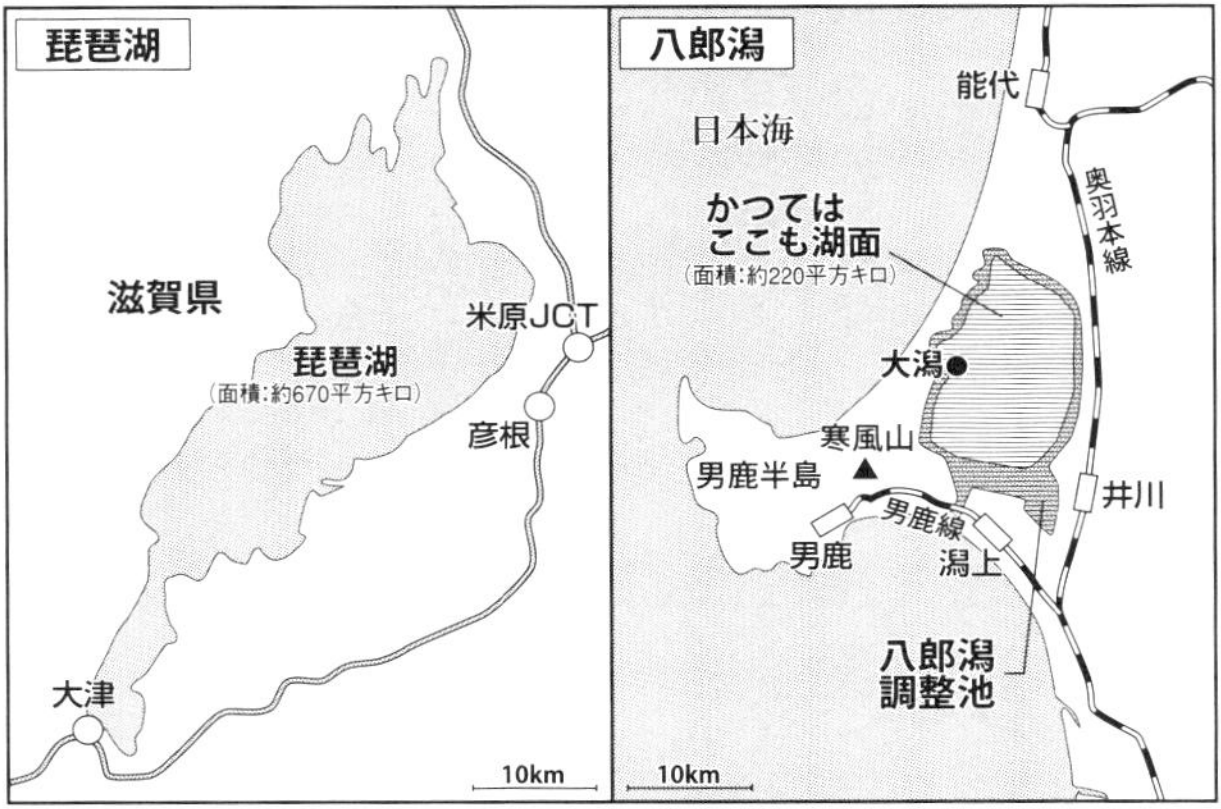

八郎潟と琵琶湖の比較。琵琶湖の約３分の１の広さだった

や土砂の堆積によって男鹿半島は本州と陸つづきになり、それまで海だったところは湖になった。ただ、湖といっても水深が極端に浅く、最深部でも四・八メートル程度しかなかったために干拓事業の対象にされてしまう。

幕末以来、八郎潟の干拓計画は何度も浮上したが、技術面や財政面の問題から実現しなかった。干拓が本格的に開始されたのは一九五七（昭和三二）年のこと。食糧難を解決するために干拓の先進国であるオランダの技術と世界銀行の協力を得て、工事がはじまった。

工事の最大の難関は、湖の水をかき出す作業である。いくら水深が浅いとはいえ、巨大な面積をもつ当時の八郎潟は膨大な量の湖水をたたえており、それをかき出すのは至難の業だった。それでもどうにか中央干拓地を干上がらせることに成功し、まもなく最初の入植者が全国から入ってきた。入植者たちは、いずれも厳しい入植者試験を通り抜けた人たちばかりだったという。

入植者の増加とともに、一九六四（昭和三九）年には六世帯一四人の南秋田郡大潟村が誕生。平安時代の古文書によると、八郎潟は古来より「大方」と呼ばれており、それがのちに「大潟」に変化したとされる。公募による村名選びの結果、その歴史を尊重して大潟村となったのだ。

その後、入植者は増加し、干拓工事もさらに進められた。そして最終的に工事が完了したのは、一九七七（昭和五二）年のことだった。

入植が進むにつれて食糧難は解消したものの、逆に米が余ってしまうなど、困難は多かったという。米作を畑作に転換するなどの対策も図られたが、入植者たちは大いに苦労した。それでも、幾多の困難を乗り越え、現在に至っているのだ。

現在の大潟村は世帯数が一〇〇〇を超え、人口も三五〇〇名近い。そして、かつてここが日本第二位の湖の湖底だったとは、とうてい信じられない風景が広がっている。

なんの変哲もない山が、「日本国《にほんこく》」という名前をつけられた深い意味

新潟県と山形県との県境には、「日本国」というなんとも大それた名前の山がある。ただ、名前の割には標高五五五メートルしかなく、さほど高いわけではない。

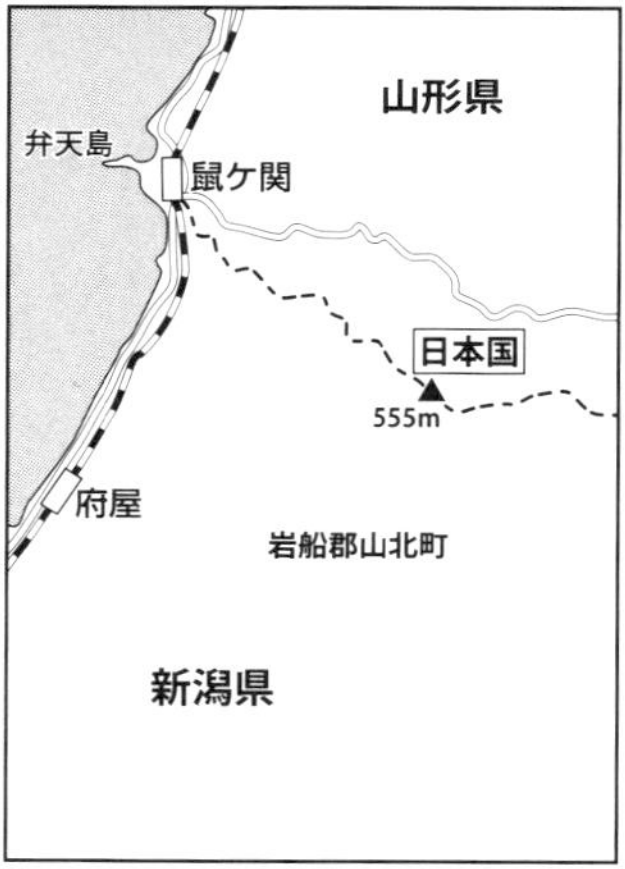

山形・新潟両県にまたがる「日本国」

また、山の頂上には展望台が設けられているものの、これといってインパクトのある景観が楽しめるというわけでもない。

しかし、そんなごくありふれた山に、「日本国」などという一見不釣合いとも取られかねない名前がつけられたのはどうしてなのだろうか。「日本国山」ではなく、ただの「日本国」というのも、山の名前としてはめずらしいのだ。

じつは、日本国という山名の由来については諸説あり、いまもって定かではない。もっとも信憑《しんぴょう》性がありそうなのは、「日本国」が大和朝廷と蝦夷《えみし》が住む地域との境界地点だったからではないかという説だ。

古代、阿部比羅夫《ひらふ》率いる大和朝廷軍は、東北地方の蝦夷を追い払いながら、じわじわと勢力を伸ばしていった。そして、苦戦しつつも日本国近辺にまで到達。この地域が大和朝廷の支配圏と蝦夷の勢力圏との境界であることを示すため、山に「日本国」と命名したというのだ。これには屈強な蝦夷の平定に成功したという、記念碑的意味合いも含まれていたのかもしれない。日本の歴史書では大和朝廷に関する記述がほとんどを占めていて、多くの人はほかに政権がなかったと考えている。しかし、実際には蝦夷のような勢力も存在したのだ。

歴史のロマンを秘めた日本国。地元の人々は、このユニークな名前を活用しようと、一九八七（昭和六二）年から「日本国」という名の地酒を売り出した。当初は町内限定だったが、一九九九（平成一一）年からは成田空港の免税店でも販売されている。海外への日本土産としては最高の一品になるかもしれない。

東京、神奈川と県が違うのに、なぜか同名の地名「等々力《とどろき》」がある理由

東京都世田谷区には「等々力」「宇奈根《うなね》」「野毛《のげ》」という場所がある。ところが、多摩川を挟んだ対岸の神奈川県川崎市にも同じ地名が存在している。地元民以外は

混乱必至と思われるこのネーミングは、いったいどういう経緯でなされたのだろうか。

それは、世田谷区と川崎市のあいだを流れる多摩川に関係があるようだ。緑あふれる渓谷でも有名な等々力を例にとって見てみよう。

等々力という地名の由来は、多摩川の水の音が「とどろいている」さまをあらわしたという説と、東京側にある不動の滝の落ちる音にちなんだという説がある。

この等々力はもともと武蔵国に属し、「荏原《えばら》郡等々力村」という一つの村だった。しかし、戦国時代の末期（天正《てんしょう》一八年頃）の大洪水によって、村の南側を流れていた多摩川が氾濫《はんらん》。北側にも新たな流れができ、多摩川は二本に分かれた。やがて、南側の流れがなくなり、対岸の村が飛び地となる。この時点で村は完全に分断され、飛び地となったほうの等々力村は江戸時代に「橘樹《たちばな》等々力村」と名づけられた。

当初は、村が二つに分かれても同じ武蔵国だったのでさしたる問題はなかったが、一九一二（明治四五）年の府県境界変更で多摩川が東京と神奈川の境界線に定められた。その結果、もとの等々力村は世田谷区に、橘樹等々力村は川崎市に組み込まれることになったのだ。

都心にあるとは思えない等々力渓谷の眺め

野毛や宇奈根も同様で、多摩川の洪水によって村が寸断され、飛び地となったことにより、対岸にも同じ地名ができたのである。

『地名の秘密』（古川愛哲）によれば、野毛は「ノゲ」または「ノギ」といって「崖地」を意味し、「抜け」にも通じるのだという。また、鉄砲水で抜けてしまった土地ともとれるようだ。横浜市中区にも「野毛」という地名があるが、そちらも「崖」を意味する。

川崎市側の町の半分が多摩川緑地となっている宇奈根は、「ウナジ（首筋）ネ（つけ根）」が訛《なま》ったものらしい。地方によっては「ウンナン」ともいうが、いずれにしても水が流れやすいことをイメージさせる地名となっている。しかし、灌漑《かんがい》技術が発達するまでは水田に適した土地だったようだ。

このほかにも、古川、古市場、丸子、沼部、瀬田、布田など、多摩川の流れの変遷によって、一つの村が分断されたと考えられるところは数多く残っているという。

日本の水産業の中枢「築地」は、かつて陸地ではなく水の底だった！

東京都中央区にある築地といえば、なんといっても中央卸売市場が有名だ。水産物などの流通においては、その規模といい知名度といい、まさに日本一の市場といえるだろう。

また、築地は本願寺別院（築地本願寺）があることでも知られている。浄土真宗本願寺派に属するこの寺は、京都・西本願寺の東京別院。著名な人物の葬儀や告別式などが数多くおこなわれるほか、最近ではコンサートなどのイベントが催されることもある。

だが、かつてここは陸地ではなく、なんと水の底にあった。じつは、築地は隅田《すみだ》川河口右岸が埋め立てられてできた土地なのである。

「築地」という地名も、もとは「埋立地」のことを指す一般名詞だった。そのため、江戸には「築地町」という地名がたくさんあったという。「佃《つくだ》」も築地と同意語で、江戸時代、隅田川河口に造成された埋立地は「佃島」と名づけられた。さらに、明治になってその南に造成された埋立地は「築島」と呼ばれ、町名制定時に「月島」と命名されている。これがもんじゃ焼きで有名な月島なのだ。

築地の埋め立てが開始されたのは一六五七（明暦《めいれき》三）年のこと。江戸時代最大の火事である明暦の大火のあと、復興計画の一環として本願寺別院がこの地に移転されることになり、住民たちの手で大規模な埋め立てがおこなわれた。それ以降、この築地は市街地として栄え、幕府の軍艦操練所など海軍関係の施設も設けられた。

明治になって鎖国が解かれると、一八六八（明治元）年に外国人居留地として築地居留地がつくられた。そこに住む外国人の数はしだいに増え、居留地周辺にはさまざまな外国人が集まったという。それにともない、紡績工場や家具工場、西洋人向けのホテル、レストラン、教会、ミッションスクールなども建設され、築地は西洋文明を象徴する町となっていく。

やがて外国人居留地は衰退し、廃止されることになったが、それでもこの地には西洋の香りが色濃く残り、新劇の中心である築地小劇場なども誕生した。

そして一九三五（昭和一〇）年、関東大震災を契機に日本橋や京橋の市場機能が築地に移される。これが現在の築地市場のルーツだ。築地市場は大いに繁栄し、日本の水産業の「頂点」というイメージをもたれるまでになった。

しかし最近は、老朽化などから都による豊洲《とよす》への移転計画が進行しており、その影響で築地の町が衰退するのではないかと心配する声もあがっている。移転予定は二〇一二年。今後の成り行きが注目されるところだ。

女性が足を踏み入れてはいけない禁断の島が、まだ日本にあった！

福岡県宗像《むなかた》市にある沖ノ島は、玄界灘に浮かぶ絶海の孤島だ。面積〇・九平方キロ、周囲約四キロの小さなこの島には亜熱帯性の植物が生い茂り、付近は玄界灘で

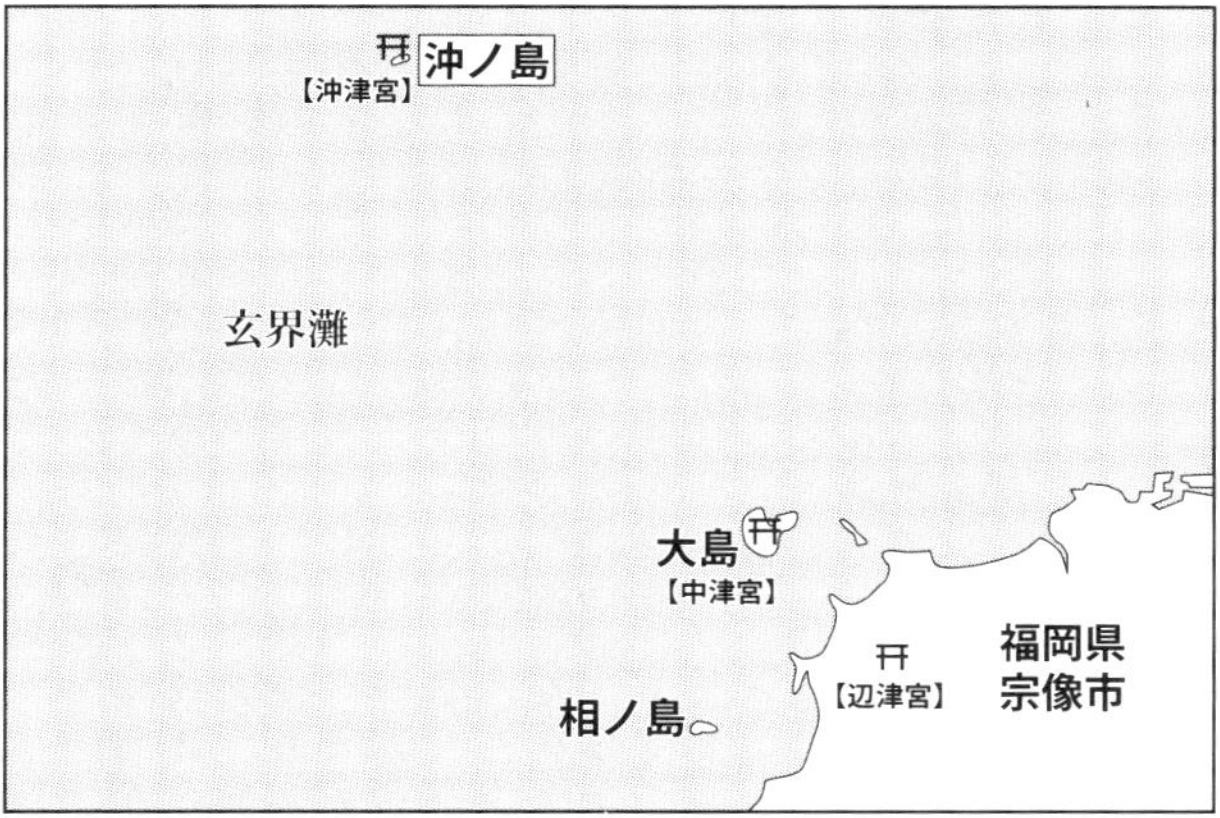

玄界灘に浮かぶ“海の正倉院”「沖ノ島」

最良の漁場とされている。

また、かつてこの島は大陸との交通の要衝として重要な役割を果たしてきた。四～九世紀にかけて朝鮮半島や中国に渡る船の道標となっていたのである。

島内の古代祭祀《さいし》遺跡からは一二万点にもおよぶ遺物が発掘され、それらはすべて国宝、重要無形文化財に指定されている。「海の正倉院《しょうそういん》」と呼ばれる所以《ゆえん》である。

なかでも新羅《しらぎ》から伝わったと思われる国宝の金指輪は、当時の沖ノ島の重要性をいまに伝える証拠。これと同じものが畿内《きない》でも見つかっているからだ。

だが、沖ノ島でもっともユニークなの

は、現在も「女人禁制」が堅く守られていることだろう。

この島は「信仰の島」としての側面ももち、島全体がご神体とされている。島内の原生林のなかには宗像大社の沖津宮があり、島に住むのは二週間交代の神官一人だけ。それも、上陸前には必ず禊《みそぎ》をしなければならないという。

祀《まつ》られている神様は、宗像大社の三女神の一人である田心姫《たごり》だ。三女神とはこの田心姫のほか、筑前大島の湍津《たぎつ》姫、田島の市杵島《いちきしま》姫を指す。すべて天照大神《あまてらすおおみかみ》の御子神である。『古事記』『日本書紀』によれば、三女神は天照大神の神勅を奉じて、九州と朝鮮半島を結ぶ要衝の地である宗像に、国の守護神として降りたとされる。

ところが困ったことに、田心姫は嫉妬《しっと》深いらしい。女性が上陸すると田心姫がジェラシーを抱くといわれ、そのために女人禁制の島となっているのだ。

男性も宗像大社の許可がなければ誰も足を踏み入れることができず、上陸前には神官同様に禊をする必要がある。なお、女性の参拝は、沖ノ島からかなり離れた大島の岩瀬にある遥拝《ようはい》所からのみ許されている。

このように、昔もいまも信仰の島としての掟が厳粛に守られていることから、最近は沖ノ島と宗像大社を含めた一帯を世界遺産に登録しようという運動が、有名なエジプト考古学者・吉村作治氏らの提唱によって起きている。

女性は「差別じゃないの？」と思うかもしれないが、何百年ものあいだつづく伝統を覆すのは容易なことではないだろう。

なぜ伊豆諸島は、もっとも近い静岡県ではなく、東京都に属しているのか？

伊豆諸島とは、大島、利島《としま》、新島、神津島《こうづ》、三宅島《みやけ》、御蔵島《みくら》、八丈島からなる伊豆七島とそのほかの小さな島々をいい、約五四〇キロにわたってほぼ南北に連なる富士火山帯の火山島群である。

現在は東京都に属している伊豆諸島だが、地図（１６７ページ参照）で見てみると距離的に東京に近いというわけではなく、むしろ静岡県に属するのが自然な気がする。それなのに、あえて東京に帰属しているのはいったいなぜなのだろうか。

じつは、伊豆諸島は二年間だけ静岡県だったことがあるのだ。だが、島の住民は静岡より東京へ帰属することを強く望んでいた。この島民の東京への帰属意識の強さは、かつての島の歴史が深く関係している。

江戸時代、伊豆の代官の支配下にあった伊豆諸島の島民たちは、水田が八丈島にわずかにあるだけで、ほかの島は畑ばかりという環境のなか、つねに食糧不足に陥っていた。そこで幕府は、年貢として特産物の塩と絹織物を納めさせる一方、島民に米を支給していた。幕府側としてはこうした特産物はありがたいものだったが、島民への米の配給は重荷そのものだった。

伊豆諸島には絹織物、椿油、黄楊《つげ》、魚類などの特産物があり、これらを江戸に運んでは契約を結んでいる問屋（島問屋）商人に商品を一括して売りさばいてもらい、その代金で生活必需品や食糧などを購入してもらっていた。本来なら自分で購入すればよいのだろうが、帰航の都合もあって多くの問屋をまわることができず、やむを得ない措置だった。島問屋の言い値で産物を買ってもらうしかないという、不平等な契約だったのだ。

そこで一七九六（寛政八）年、幕府は島民を貧困から救うために伊豆諸国の特産物を幕府の専売にする。取り扱い場所も定められ、鉄砲洲《てっぽうず》十軒町（現在の中央区湊付近）に、特産物をあつかう島方会所が設けられた。

島から積み出した特産物はすべて島方会所に運ばねばならず、ほかでの直接売買を禁止。これにより、島問屋に言い値で買い叩かれることはなくなり、島民の生活は少しは楽になった。一方、幕府側は当方会所により島の産物価格を引き上げて島を救うという名目はあったものの、実際には幕府の財政収入を増加させる狙いがあった。どんな理由があったにしても、幕府と島民の双方にメリットがある政策だったことには違いなかった。

その後、一八七一（明治四）年の廃藩置県によって島方会所は廃止され、一八六九（明治二）年に伊豆諸島は相模府の管轄となる。その翌年には韮山《にらやま》が足柄《あしがら》県になった。さらに、一八七六（明治九）年には静岡県に編入される。かつての伊豆国が廃藩置県によって静岡県に所属したのだから、伊豆諸島が静岡県の管轄となるのは自然な流れだったのだ。

しかし、島の住民の東京への帰属意識が強いため、静岡県にわずか二年間所属したものの、一八七八（明治一一）年に再び東京府に再編入される。地図を見るとわかるように、伊豆諸島は東京の南の海上に位置しているため、首都の守りを固める必要性も考えて東京府の管轄になったのだ。

東京府側にどういった思惑があったにしても、これで島民の願いはかなったわけだ。島民は東京府への編入が決まった明治一一年一月一一日を「一一一一の記念日」として喜び、大いに祝ったということだ。

もしかしたらイギリス領となっていたかもしれない「小笠原諸島」

日本の最南端は、東京から南へ一〇〇〇キロほど離れた小笠原諸島である。ここは大小二八もの島々からなるが、北から聟《むこ》島、父島、母島、硫黄島《いおうとう》の四つに大別できる。管轄しているのは東京都だ。

この「小笠原」という地名は、一五九三（文禄二）年に信濃深志城主の曾孫《そうそん》である小笠原貞頼《さだより》が島を発見したことに由来するといわれている。しかし、それを証明するようなはっきりとした記録は残っておらず、最初の発見者についても島によって違いがある。もっとも古い記録を見ると、一六三九（寛永一六）年にオランダ人が発見したことになっている。

伊豆諸島と小笠原諸島の位置。どちらも東京都に属している

日本人による最古の発見記録は、オランダ人の発見よりさらに三〇年もあとのこと。一六六九（寛文九）年の冬、紀州から江戸に向かう船が難破し、一六七〇（寛文一〇）年二月になって無人島に上陸したという。この報告を受けた幕府は一六七四（延宝《えんぽう》二）年、調査団を派遣して島を発見。「無人島《ぶにんとう》」と名づけ、日本の領土とした。ただし、このときは無人島としてそのまま放っておいたという。

やがて一九世紀になると、無人のままの小笠原諸島周辺に欧米の捕鯨船がやってくるようになる。一八二三（文政六）年にはアメリカの捕鯨船がこの島を発見し、船長の名前をつけた。しかし、それでも幕府はとくに何の対策も講じなかった。

その後、イギリスの測量船が上陸し、無人島をイギリス領だと宣言したが、このときも幕府は手を打たない。一八五三（嘉永六）年には、アメリカのペリー提督が浦賀に先がけて父島に来航する。このとき貯炭所をつくるが、先に領土だと宣言していたイギリスと領有権をめぐってもめると、ペリーは「無人島は日本人が発見したものだ」と主張し、米英間の領有権争いはうやむやになった。

幕府がようやく日本の領土だと主張し出したのは、一八六一（文久元）年の開国後のことだった。欧米の国々が小笠原諸国の領有を狙っていることを知り、やっと島の価値を悟ったのだ。

幕府は外国奉行《ぶぎょう》である水野忠徳《ただのり》らを小笠原諸島に派遣し、「無人島」から「小笠原嶋」に改称する。アメリカ駐日公使ハリスやアメリカ人島民もこれを了承した。これに対し、イギリス駐日公使は異義を申し立てるも、強くは反対しなかった。明治政府になってからの領土権決定の際には、このときの実績がものをいい、他国に領有を認めさせる決定打となったのだ。

太平洋戦争の敗戦によりアメリカの占領下となった小笠原諸島は、一九六八（昭和四三）年六月に日本へ返還され、ようやく島民の帰島が実現する。そして一九九三（平成五）年、小笠原諸島発見四〇〇年、返還二五周年を記念しての式典も開催されたのである。

なぜ、神奈川県は多摩地方を東京都に奪われてしまったのか？

現在、東京都に属している西多摩、南多摩、北多摩の三多摩地区は、もともと神奈川県に属していた。東京に組み込まれたのは、一八九三（明治二六）年のこと。当時はこの移管問題が政党間の争いにまで発展し、大問題になったという。しかし、なぜ神奈川県は三多摩を東京都に奪われたのだろうか。

その理由は上水道の管理にあった。かつて江戸の町では、多摩地方に水源のある神田上水と玉川上水を飲み水として利用していた。その後、明治時代になってもそれは変わらず、東京府には水質汚染による上水の汚濁を防ぐため、水源地の管理が求められるようになる。

ところが、玉川上水沿岸の村は神奈川県の管理下にあり、東京府が玉川上水の管理上の問題を図る場合でも、神奈川県を通す必要があった。そのため、手続き事務も煩雑《はんざつ》化してしまい、東京府と玉川上水沿岸の村々は困り果てていた。そこで、手続きの円滑化を目指し、東京府は神奈川県から強引に三多摩を奪い取ってしまったのである。

東京府は明治時代初頭から三多摩の移管を計画しており、何度か役所に要請もしていたが、実現には至らなかった。そんななか、東京府を中心に問題が発生する。なんとコレラが発生したのだ。一八八五（明治一八）年に横浜で発生したコレラは猛威をふるい、翌年には東京府のほぼ全域で流行。これによって、沈静化していた玉川上水の管理問題が浮上する。

大きく揺れたのは地元三多摩の住民である。北多摩郡の人々は移管推進派が多く、内務省や議会へ請願をおこなった。逆に、西多摩郡や南多摩郡の人々は反対派が多数を占め、反対運動が盛り上がった。やがて、三多摩問題は政界をも巻き込むようになり、三多摩を基盤とする神奈川県自由党は、東京府への移管によって自らの政治基盤が打撃を被ることを恐れ、反対運動を推し進めた。

そして、ついには政党間争いへと飛び火。帝国議会でも激しい論戦となった。だが、そこでも審議は大混乱となり、一八九三（明治二六）年、最後は強行採決で決着をみる。結局、地元住民の意思が確認されることはなく、討議不十分のまま三多摩地区は東京府へ移管されることになったのだ。

もっと民主的な方法で解決が図られていたとしたら、三多摩地区はいまも神奈川県に帰属していたのかもしれない。

戦時中の地図から消された、広島県にある「大久野《おおくの》島」。その深い事情とは？

広島県竹原市忠海《ただのうみ》の沖合約三キロの地点に浮かぶ大久野島は、周囲約四・三キロ、面積七〇ヘクタールの小島だ。現在では、年間約一二万人もの人々が訪れる国民休暇村になっている。しかし戦時中には、なぜか大久野島の存在が地図上から消されてしまっていた。じつは、地図に載せられなかった理由は、軍事機密によるものだったのだ。

この島にいったい何があったのか。それは毒ガスの製造工場で、一九二九（昭和四）年には、工場の完成を祝う開所式がおこなわれている。一九二五（大正一四）年、日本は毒ガスの使用を禁止したジュネーブ議定書に調印したものの、批准《ひじゅん》はしなかった。欧米の技術に遅れまいと、毒ガス兵器の研究開発を進めていたのだ。

国際法で禁じられた兵器をつくるということで計画は軍事機密とされ、敵国はもちろん、自国民にも知られないように厳格な措置がとられた。そのため、大久野島は地図上で白く塗りつぶされ、その存在を抹消されたのである。

日本軍が毒ガス兵器を使いはじめたのは、一九三七（昭和一二）年の日中戦争勃発直後からといわれる。日中戦争の長期化にともない、毒ガスの使用は徐々に拡大していき、大久野島の毒ガス工場でも稼働率の向上が求められた。一九二九（昭和四）年、工場開業当時の従業員は数一〇人だったといわれるが、それから一〇年後の一九三九（昭和一四）年には五〇〇〇人にまで達し、工場の規模は非常に大きく膨れ上がっていた。

毒ガス製造工場の存在は絶対に諸外国に漏らしてはいけない。この絶対的な前提条件があったため、表向きには火薬製造工場とされ、従業員の多くは毒ガス製

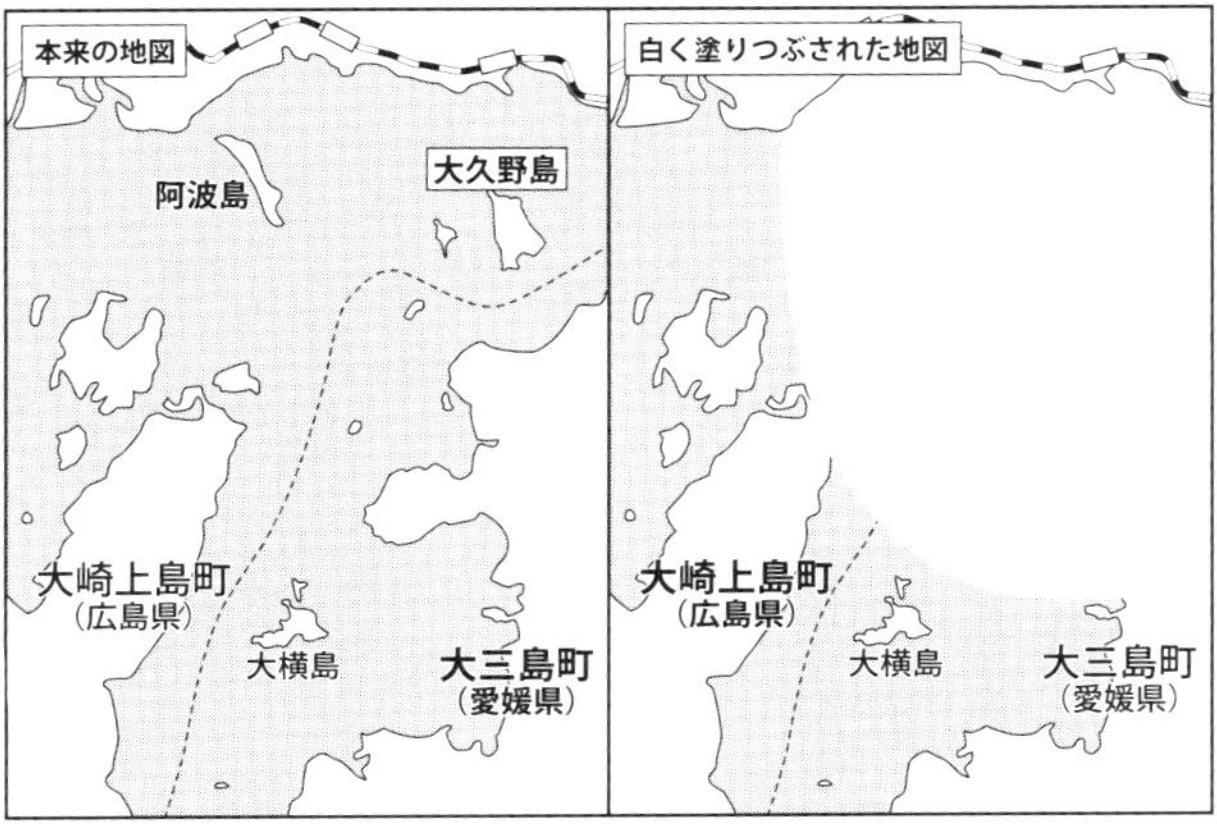

軍事機密によって地図から消された「大久野島」

造の事実を知らずに働きにやって来ていた。何も知らない彼らは島でさまざまな毒ガス兵器を製造し、その一部は軍によって中国に運ばれ、実際の戦争で使われていたという。

一九四五（昭和二〇）年、ついに日本の敗戦が決まると、その翌日から毒ガス製造工場の解体作業がおこなわれた。すべての施設を解体するのには半年が費やされたそうだ。

そんな忌《い》まわしい過去などなかったかのように、現在の大久野島には野生化したかわいいウサギが数多く生息している。これらのウサギは毒ガス検知のために工場で飼われていたものが野生化したものだ。たくさんのウサギがいることから、大久野島は別名「兎島」とも呼ばれているという。

太平洋戦争中ひた隠しにされた、昭和新山誕生の事実

一九四三（昭和一八）年、太平洋戦争末期のこの時期に、日本では戦争とはべつ

の大事件が発生していた。北海道で大噴火が起こり、突如にして新しい山が出来上がってしまったのである。

その山とは北海道の南西部、カルデラ湖としても有名な洞爺《とうや》湖の南岸に位置する「昭和新山」だ。最初の地震が起こった日から新山の誕生までわずか二年。そんな短期間で巨大な山ができてしまうというのはにわかには信じがたいが、これは嘘偽りのない事実である。

予兆は噴火の三〇年以上前からあった。一九一〇（明治四三）年、那須火山帯に属する有珠山《うすざん》の山麓で噴火があり、溶岩が地表を隆起させて潜在円頂丘の明治新山をつくったのだ。明治新山の活動のあとに有珠山は休止期に入るが、一九四三（昭和一八）年から再び火山性地震が頻発するようになる。

一九四四（昭和一九）年には、南東側山麓の麦畑の平地が噴煙を上げはじめた。隆起はしだいに北方へ移動し、地割れが激しくなっていった。そして同年六月、ついに噴火する。その後も噴火や爆発を繰り返し、付近の家屋を焼失させ、農作物にも大きな被害を与えたという。

この間も地面の隆起はつづき、同年一〇月には標高一〇〇メートルの小山に成長した。しばらくは大きな爆発もなく噴気を上げつづけ、一二月には黒色の溶岩の尖《せん》峰《ぼう》が出現する。

尖峰の隆起は、一九四五（昭和二〇）年に入ってからも止まらない。同年九月には山頂が四〇六・九メートルにまで達し、昭和新山が誕生した。このように、溶岩が地表に突出したベロニーテ（溶岩尖頭型）火山は、世界的にもきわめてめずらしいという。

当時の日本では激しい報道管制が敷かれ、新聞やラジオによる報道もなされなかったため、国民に昭和新山誕生のニュースが知らされることはなかった。しかし、噴火活動の全経過は火山学者や地元壮瞥《そうべつ》の郵便局長・三松正夫氏らによって克明に記されていた。新山誕生までの経緯を記したその記録は火山学上、非常に貴重なものとなっている。

昭和新山が一般に知られるようになったのは戦後になってからのことだが、いまなお白い噴煙を上げ、溶岩だけの山肌をさらしつづけている。

淡路島《あわじ》はもともと阿波《あわ》（徳島県）に属していたのに、なぜいま、兵庫県に？

瀬戸内海の東端に位置する淡路島は五九二・九平方キロの面積をもつ、日本で七番目に大きな島だ。ここでは温暖な気候を利用して、米やレタス、タマネギのほか、ビワ、ミカンなどが栽培されている。

一九八五年（昭和六〇）年に島の南端と四国のあいだに大鳴門橋が、一九九八（平成一〇）年には島の北端と本州のあいだに明石海峡大橋が完成した。これによって交通の便は格段によくなり、今後もより一層の発展が期待されている。

そんな淡路島は、自身の所管をめぐって、じつに複雑な経緯をたどってきている。

瀬戸内海に浮かぶ約三〇〇〇もの島々には、それぞれ所属県がある。小豆《しょうど》島や直島は香川県、厳島《いつくしま》や因島《いんのしま》は広島県といった具合だ。淡路島については、名前が「阿波国」と似ていることもあり、徳島県に属すると思っている人も多いだろう。ところがこの島、じつは兵庫県に属しているのだ。

たしかに江戸時代までは阿波徳島藩の領地だった。一六一五（元和《げんな》元）年、徳島藩主・蜂須賀至鎮《はちすかよししげ》が大坂夏の陣の功績によって淡路六万三〇〇〇石を加封されたため、大政奉還《たいせいほうかん》までは徳島藩に属していたのだ。

この歴史を見るかぎり、淡路島は徳島県に編入されてもおかしくない。いや、むしろそれが自然だろう。それなのになぜ、兵庫県となってしまったのだろうか。

その原因は、一八七〇（明治三）年に起こったお家騒動にある。現在、淡路島の中心都市となっている洲本《すもと》を城下町として発展させたのは、稲田氏という大名だ。稲田氏は実質三万石の石高をもつ大名で、多くの家臣を抱えていた。ただし、洲本は正式な藩ではなかったため、稲田氏の家臣たちはふだんから本藩の藩士たちに差別扱いされていたという。その不満が限界に達したとき、世は幕末維新のまっただなかにあり、家臣たちは政局の混乱に乗じて徳島藩からの独立運動を新政府に働きかけた。

これに対し、本藩の藩士たちは腹を立て、稲田家の屋敷やその家臣たちの屋敷を襲撃。この襲撃により稲田派は一七名が殺され、二〇名が負傷したという。

事件後、明治政府は本藩の襲撃の首謀者一〇名を切腹させ、喧嘩両成敗《けんかりょうせいばい》として、稲田家に対しても北海道開拓のための移住を命じた。

それだけでなく、淡路島の所管は兵庫県に移され、その代わりに開拓のための費用一〇年分は兵庫県が出すことになった。つまり、内輪の喧嘩がもとで借金ができ、「借金の肩代わり」として淡路島は兵庫県になってしまったのである。

地名表記のない大阪の「キタ」と「ミナミ」はどこが境界線？

大阪の街の二つの顔といえば「キタ」と「ミナミ」。両者は対照的な性格をもち、それぞれの魅力は異なるが、地図をいくら探してみても、二つの地名は見当たらない。これらはいったい、どのあたりの地域のことをいうのだろうか。

「キタ」とは、梅田周辺から天満、堂島、中ノ島一帯の繁華街を指し、一般的には「梅田」と呼ばれている地域が該当する。一方、「ミナミ」とは、難波《なんば》から千日前、道頓堀《とんぼり》、心斎橋筋一帯の繁華街を指す。しかし、こういった区域は確定しているというわけではなく、あくまでもおおよその範囲である。キタとミナミに明確な境界線はないのだ。

キタの歴史は一六八五（貞享《じょうきょう》二）年、河村瑞賢《ずいけん》がおこなった曽根崎川の改修によって、堂島新地が開発されたことにはじまる。ここは、元禄の頃は遊里としてにぎわったが、やがて米取引の場となり、遊里は次第に北の曽根崎新地へと移っていく。

一八七四（明治七）年には大阪〜神戸間に官営鉄道が開通し、大阪駅が開業。これがのちのJRとなる。さらに、一九〇五（明治三八）年には阪神電鉄が、一九一〇（明治四三）年には箕面有馬《みのおありま》電気軌道《きどう》（現・阪急電鉄）が大阪駅近くに梅田駅を開業。こうして、梅田は大ターミナル駅となった。そして、一九〇九（明治四二）年に蜆《しじみ》川が埋め立てられたことにより、堂島との境界がなくなった。すると、東梅田にも家が建て込んできて、太融寺から天満と結びつく。キタは北へ北へとのびていったのだ。

次に「ミナミ」である。ミナミを象徴する道頓堀川が掘られたのは大坂夏の陣が終わった一六一五（元和《げんな》元）年のこと。両岸は開かれて新地となった。一六五三（承応《じょうおう》二）年には南岸に芝居小屋が公認され、裏には色町ができた。これを難波新地という。また、道頓堀川の北岸は島之内で、ここは遊里となっていたが、しだいに南側に接する宗右衛門町と道頓堀通りが中心となっていく。

心斎橋筋には大丸やそごうなどの呉服店が建ち並び、これがのちに百貨店へと発展した。千日前には明治になって見世物小屋が建つ。やがてミナミは、大阪歌舞伎座をはじめ、映画館や飲食店で栄える街に発展していった。

一八八五（明治一八）年、南海鉄道の前身である阪堺《はんかい》鉄道の難波駅が開業し、一九三二（昭和七）年には駅ビルに髙島屋が進出した。その翌年には、梅田～心斎橋間に地下鉄が、翌々年には御堂筋《みどうすじ》線が開通して地下鉄も難波までのびた。さらに、一九三八（昭和一三）年には天王寺に達し、難波は大阪の南の玄関となった。ミナミは南へ南へと延びていったことになる。

現在、キタは大企業が軒を連ねるビジネス街で、転勤者を含む多様な街となっている。それに対し、ミナミは土着の世界だ。江戸時代以来の伝統的な盛り場である道頓堀や心斎橋など繁華街としての歴史が非常に古いため、老舗の店も数多い。キタとミナミにはそれぞれ独特の味があるが、あなたはどちらがお好みだろうか。

定められたのは意外と最近だった東京二三区

東京都に二三の区があることは全国的にも有名だ。だが、二三区と定められたのは一九四七（昭和二二）年のことで、それほど古い時代の話ではないことを知っているだろうか。

その昔、東京は「東京都」ではなく、現在の大阪府や京都府と同じように「東京府」と呼ばれていた。東京というのは一八六八（慶応四）年九月、明治に元号が変わるときにつけられた名前だ。これについては「京」を都と解釈し、「東の京」で東京と名づけられたという説と、京都から見たときに「東の京」になるため東京になったという説がある。その後一八七一（明治四）年には、廃藩置県により「東京府」が成立。京都や大阪も「府」とされたが、これは過去に都が置かれた経緯があるからだ。

そして、一八七八（明治一一）年に郡区町村編制法が制定されると、東京府はのちの二三区の原型となる一五区（麹町《こうじ》、神田、日本橋、京橋、芝、麻布《あざぶ》、赤坂、四谷、牛込《うしごめ》、小石川、本郷、下谷《したや》、浅草、本所《ほんじょ》、深川）に分割される。これは、現在の中央区、千代田区、港区、文京区、台東区、および新宿区、墨田区、江東区の一部にあたる。さらに、一八八九（明治二二）年の市制町村制施行により、一五区に該当する地域は「東京市」と呼ばれるようになった。

昭和に入ってからは、都市人口の増加とともに市街地の過密化が進行していく。そこで一九三二（昭和七）年、都市計画を充実させる目的で東京市は三五区に拡大された。東京市周辺に位置する荏原《えばら》郡、豊多摩郡、北豊島郡、南足立郡、南葛飾郡の八二町村を合併して、品川区、目黒区、荏原区、大森区、蒲田区、世田谷区、渋谷区、淀橋区、中野区、杉並区、豊島区、滝野川区、荒川区、王子区、板橋区、足立区、城東区、向島区、葛飾区、江戸川区の二〇区にし、先にあげた一五区と合わせて三五区に増やしたのだ。のちには北多摩郡千歳村と砧《きぬた》村が世田谷区に編入されている。

この三五区は、戦後の合併によってまず二二区になり、さらに板橋区を板橋区と練馬区とに分けたため、現在のような二三区が成立する運びとなった。

二三区を列記する場合は、千代田区、中央区、港区、新宿区……というように順番が定められているが、これは、かつての一五区時代の慣例を踏襲しているためなのである。

なんと、国土地理院の地図に、京都名物「大文字焼き」の字が載っている！

京都の夏の風物詩「大文字焼き」。八月一三日に迎えた祖先の霊を一六日の夜に冥土《めいど》へと送る、精霊送りの行事で、正しくは「五山送り火」という。

午後八時の如意ヶ岳の「大文字」にはじまり、八時一〇分の松ヶ崎西山・東山の「妙・法」、八時一五分の西賀茂船山の「舟形」、衣笠《きぬがさ》大北山の「左大文字」、八時二〇分の嵯峨《さが》鳥居本曼陀羅《もとまんだら》山の「鳥居形」へと火が入っていく。

「大文字」の文字の大きさは一画八〇メートルで、「舟形」などは縦約一三〇メートル、横約二〇〇メートルもある壮大なものだ。

この大文字焼きは、じつは地図ととても深い関係がある。国土地理院発行の二万五〇〇〇分の一の地形図を見ると、如意ヶ岳の中腹に「大文字」と書かれているのがわかる。また、一万分の一の縮尺になると、五山送り火のすべてが地図に記されているのだ。

「大文字焼き」はあくまで京都の恒例行事であって、それが地名というわけではない。にもかかわらず、なぜ「大文字焼き」が地図に記載されることになったのだろうか。

地図に大文字の「大」の字が記載されたのは一九三六（昭和一一）年からだが、当時はまだ注記の表示だった。「大」の形そのものを記載するようになったのは、一九六七（昭和四二）年からだった。

地図上には、地形だけではなく、土地の利用状況の情報も掲載する。ただし、記載するその情報は、永続性があり、しかも規模的に大きなものだけがピックアップされる。

この条件を大文字焼きに当てはめてみると、歴史も古く、また、大規模なものであり、京都には欠かせない重要な行事ということで、大文字焼きの情報は、地図上に記すべきものであると決定されたようだ。

◉ 第５章 ◉

どうやっても改札口から出られない不思議な駅・海芝浦駅

日本地図上に張りめぐらされた
鉄道路線の摩訶不思議な場所

「品川駅」はなぜ、品川区にないのに「品川駅」というのか？

東京の品川駅はＪＲ東日本の東海道線、横須賀線、山手線、京浜東北線、そして京浜急行に加え、二〇〇三（平成一五）年にはＪＲ東海の東海道新幹線が停車するようになるなど、日本有数の巨大なターミナル駅となっている。

また、ここは桜木町駅とともに日本最古の駅としても知られている。一八七二（明治五）年の鉄道初開通の半年ほど前に、品川〜横浜間で仮営業が開始されたのだが、それにともなって品川駅も開業しているのだ。

そんな品川駅は、当然品川区内にあるはずと思うだろうが、実際は違う。品川駅の所在地は、品川区ではなく港区になっているのだ。駅舎も港区高輪《たかなわ》三丁目と港南二丁目にまたがっていて、品川区に建っている部分はない。

それなのに、いったいどうしてこの駅は「品川駅」と命名されてしまったのだろうか。

この謎については諸説ある。まず、本来品川区内につくる予定だったものが、地元の人々の反対にあって不可能になったという説だ。建設当初の計画では、江戸時代から宿場町としてにぎわっていた品川宿《じゅく》に駅を設置することになっていた。しかし、品川宿の人々は駅ができることによって自分たちの客を鉄道にとられてしまうのではないかと不安になり、用地買収の要請を拒んだ。そのため品川区内に建設できなかったというのだ。

一方では、品川宿の人々は駅の建設に好意的だったとする説もある。『鉄道 駅と路線の謎と不思議』（梅原淳）によると、駅はもともと高輪につくられる予定だったが、高輪には陸海軍が駐屯していて鉄道を通すことに強い反対の態度を見せたのだという。結局、海岸を埋め立てて駅を設置したものの、当時の役所は「駅に高輪の名前をつけてやるものか」と高輪を嫌い、工事や測量に協力的だった品川宿の名前をとって品川駅と命名したらしい。

さらに、品川区の縮小が原因だとする説もあるようだ。品川駅のある場所は、もともと品川区に属していた。しかしその後、面積の大きかった品川区が縮小され、駅はそのまま残ってしまった。そうやって品川区から外れても、定着しつつあった駅名を変更するわけにはいかず、現在もそのまま品川駅と呼ばれているというのだ。

真相は不明だが、品川駅が品川区にないということは確かな事実なのである。

どうやっても改札口から出られない不思議な駅・海芝浦駅

鶴見駅から扇町駅までの本線と、海芝浦支線、大川支線という二つの支線からなるＪＲ鶴見線は、京浜《けいひん》工業地帯を走る鉄道路線である。ラインカラーは黄色で、無人駅が多いことでも有名だ。

そんなＪＲ鶴見線海芝浦支線の終点・海芝浦駅は、非常にユニークな駅としても知られている。

この駅は、なぜか「ホームから出られない」のだ。ＪＲ東日本の路線図には駅名がはっきりと記されており、本数は少ないながらもちゃんと電車は走っている。それなのになぜ、駅の外に出られないのか。

海芝浦駅は京浜工業地帯のちょうど真ん中に位置し、すぐそばには東芝の京浜事業所がある。「そばにある」というよりも、海芝浦駅自体が東芝の敷地内にあるといったほうが適切だろう。そして、ホームの先の駅舎のように見える建物が、京浜事業所の通用門、つまり、従業員などの出入口だ。出入口には守衛もいて、通行する人々をつぶさにチェックしている。駅には飲食店もないし、キオスクもない。もちろん、JR東日本のみどりの窓口やびゅうプラザも存在しない。

それでは、いったいこれはどういうことなのかというと、この海芝浦駅は東芝京浜事業所専用の駅であり、駅を出入りすることができるのは従業員証、もしくは入門許可証をもっている人のみ。一般人は通行が許されないのである。当然、守衛がいるから隠れて通り抜けることも不可能に近い。

海芝浦駅が誕生したのは一九四〇（昭和一五）年一一月一日のこと。当初から東芝の工場専用の駅として開設された。それからはずっと東芝のための駅であり、東芝がなければ存在しなかったというめずらしい駅なのだ。

ホームから出られないのであれば、下車しても無意味だと思うかもしれないが、じつは案外そうでもないらしい。実際、鉄道ファンを中心に多くの人々がここを訪れているのだ。

なにしろ、ホームのすぐ隣が東京湾に連なる運河という絶好のロケーションに恵まれていて、ホームからは一面に広がる海と鶴見つばさ橋が見渡せる。また、ホームから釣り糸を垂らせば釣りもできるという。

おまけに、ホームの先端には海芝公園という名の小さな公園が設けられており、デートスポットとして利用する人も少なくない。デートの場所に困ったら、この海芝浦駅のことを思い浮かべてみるのもいいかもしれない。

ホームから駅舎までの標高差なんと七〇・七メートル！ みなかみ町・土合《どあい》駅

群馬県高崎駅と新潟県長岡駅を結ぶＪＲ上越《じょうえつ》線には、一風変わった日本一の〝モグラ駅〟がある。ホームから駅舎までの標高差が七〇・七メートルもあるという、群馬県みなかみ町の土合駅だ。

一九三一（昭和六）年に上越線が全線開通した当時は、この土合駅もまだ地上部分しかなく、まだモグラ駅にはなっていなかった。モグラ駅になったのは一九六七（昭和四二）年一〇月一日のこと。現在の新清水トンネルの開通で上越線が複線化されたことがきっかけだった。路線形状の関係上、下りホームが新清水トンネル内に設けられたのだが、それによって下りホームから改札口に至るまでに階段を四八六段も昇らなければならなくなったのだ。所要時間は、なんと約一〇分とされている。

しかも、これだけ地下深くあるのに、エレベーターやエスカレーターなどはいっさい設置されていない。バリアフリーの駅が増えている昨今にあっては、なかなかめずらしい駅なのだ。ホームにはトイレと待合室があり、その隣には、いまは使われていない運転事務室がある。階段も長いがホームも長い。薄暗いホームの端まで行くと、薄暗くて不気味さすらただよう。

ただ、階段には段数が書かれているから自分がどのあたりにいるのか目安になるし、途中には休憩用ベンチが設置されていて一休みもできる。

この路線の上り電車は地上を走っているので、お年寄りや小さな子どもが一緒なら上りホームに到着するルートを選択するとよい。ベビーカーをもって下り線に降りた日には、思わず泣きそうになるからだ。

そんな土合駅は現在、関東陸運局が認定する「関東の駅一〇〇選」の一つにも選ばれているという。

ついに決着！　日本一長い駅名は「南阿蘇《あそ》水の生まれる里白水《はくすい》高原」駅

できればなんでもナンバーワンになりたいと思うのが、人間の性《さが》というものだろう。ましてや、そこにビジネスが絡んでくるとなれば、本気で真剣になったとしても何ら不思議ではない。

鉄道業界における駅名の長さ日本一をかけた争いも、なかなか激しいものがある。まず、一九八八（昭和六三）年に名乗りをあげたのが、阿武隈《あぶくま》急行「やながわ希望の森公園前（やながわきぼうのもりこうえんまえ）」駅だ。

この駅名は、福岡市交通局・箱崎線（二号線）の「馬出九大病院前（まいだしきゅうだいびょういんまえ）」と同じ、仮名一六文字だったが、漢字混じりでも一一文字になるため、「尼崎センタープール前」「宇都宮貨物ターミナル」という一〇文字の駅を上まわって日本一になった。阿武隈急行では、この駅を「日本一長い駅名」

と銘打って宣伝した。

それからしばらくのあいだ、やながわ希望の森公園前駅は日本一の座を守りつづけた。しかし、そのうちに日本各地の鉄道会社が長い駅名を打ち出すことに躍起になりはじめる。

一九九〇（平成二）年、鹿島《かしま》臨海鉄道の大洗《おおあらい》鹿島線に「長者ヶ浜潮騒はまなす公園前（ちょうじゃがはましおさいはまなすこうえんまえ）」駅が誕生した。この駅は仮名二二文字、漢字混じりで一三文字。やながわ希望の森公園前駅を抜いて日本一長い駅名となった。

だが、長者ヶ浜潮騒はまなす公園前駅の日本一は、わずか一年半の短命に終わる。一九九二（平成四）年、南阿蘇鉄道の高森線に新しい駅が誕生したのである。「南阿蘇水の生まれる里白水高原（みなみあそみずのうまれるさとはくすいこうげん）」という新たな日本最長駅名は、仮名二二文字、漢字混じりで一四文字。過去の長い駅名をわずかに超えることとなった。これは偶然日本一になったわけではない。最初から日本一をねらって、意識的に名づけられたのだ。これは、知事の提唱による「くもまと日本一運動」が影響したともいわれている。

さすがに、これほど長い駅名に勝てる駅はなかなかあらわれなかった。それでも、二〇〇一（平成一三）年になると、一畑《いちばた》電気鉄道北松江線に「ルイス・C．ティファニー庭園美術館前（るいす・しー・てぃふぁにーていえんびじゅつかんまえ）」駅が誕生し、一躍トップの座を奪いとった。この駅名は、仮名二五文字換算、漢字・英字混じり一八字換算という驚異的な長さとなっている。駅名からもわかるように、美術館のオープンに合わせて、それまでの駅名「古江」を改称したものだった。

ところが、ここで不測の事態が起こる。なんと肝心の美術館が二〇〇七（平成一九）年三月に閉館してしまったのだ。美術館にちなんだ駅名だけに、閉館後も同じ駅名を使いつづけるわけにもいかず、駅名は「松江イングリッシュガーデン前」駅に変更された。

これによって、「南阿蘇水の生まれる里白水高原」駅が再び日本一の座に返り咲くことに成功した。はたして今後、駅名の長さ日本一の座に挑む駅は登場するのであろうか。

神田と御茶ノ水のあいだにかつて駅があった⁉ 明治のターミナル駅「万世橋《まんせいばし》駅」

東京都千代田区神田須田町一丁目には、二〇〇六（平成一八）年五月一四日まで交通博物館があった。鉄道ファンなら誰でも知っているといわれるほど、多くの人々に愛されつづけた施設である。その後、二〇〇七（平成一九）年一〇月には埼玉県さいたま市大宮区へ移転となり、約七〇年間の長い歴史に幕を下ろしたのだが、この旧交通博物館のあった場所には、かつて「万世橋駅」という幻の駅が建っていた。いまでもＪＲ中央線に乗って神田〜御茶ノ水間を通ると、上下線のホーム跡が見える。それが万世橋駅なのだ。

一九一二（明治四五）年四月一日、万世橋駅は中央線のターミナル駅として開業。駅舎は建築家・辰野金吾と葛西万司により設計された。辰野と葛西はのちに東京駅の設計も手がけた有名建築家で、万世橋駅は威厳のあるレンガ、石積二階建ての駅舎となった。

駅前は中央線が乗り入れる前から東京市内でも有数の繁華街だったため、万世橋駅の利用者は非常に多かった。その数なんと、一日あたり約二万人。当時としては上野、新橋、新宿に次いで四番目の利用客数だった。

しかし一九一九（大正八）年三月、万世橋〜神田間に市街高架線が開通すると東京駅が中央本線の起点となり、万世橋駅はターミナル駅として機能しなくなる。さらに、一九二四（大正一三）年には神田〜秋葉原間に東北線が開業し、万世橋駅を利用していた客は東北線への乗換えができる神田駅に流れてしまった。

万世橋駅にはさらなる災難が押し寄せる。一九二三（大正一二）年に発生した関東大震災である。レンガ造りの頑丈な駅舎はなんとか揺れに耐えたものの、火災が発生して消失してしまう。この火災により、駅施設は大きなダメージを受けた。その二年後には新たな駅舎が再建されたが、にわかづくりだったために震災前の壮麗さはなかった。

こうして、一九四三（昭和一八）年一〇月三一日、万世橋駅は営業休止となり、かつて繁栄をきわめた中央線のターミナル駅は事実上の廃止へと追い込まれていったのである。

現在も東京の中心部にある廃駅。中央線に乗る際には、ホーム跡を眺め、当時の様子を想像してみるといいかもしれない。

丸い円を描く山手線はかつて、「の」の字を書くように走っていた！

東京の地図を見てみたとき、都心部にぐるりと丸い円を描くようにして走っているのが山手線である。この路線は一周乗っているだけでもちょっとした旅気分が味わえるし、郊外に走る私鉄も山手線の駅をターミナルにして放射状に伸びている。この路線はまさに、〝東京の大動脈〟ともいえるだろう。

しかし、山手線は最初からこうだったわけではない。この路線はある意味、継ぎはぎされてできたようなものであって、かつては丸い円ではなく、ちょうど「の」の字を書くように走っていたのだ。

そもそも山手線の基礎となったのは、一八八五（明治一八）年に開通した品川～赤羽間を結ぶ路線だ。この路線は現在の丸い円とはほど遠い形で、しかも名前は山手線ではなく「品川線」。もっぱら埼玉県や群馬県で生産された、生糸を運び出すための貨物専用に近い路線だった。本当は赤羽ではなく、上野から新橋へと通じる路線としたかったのだが、当時すでに市街地となっていた場所に、新たな路線をつくるというのはあまりにも費用がかかりすぎる。そこで、まだ人家もまばらだった東京の西側につくられたのである。

当初は採算のとれない路線だろうと思われていたが、品川線の開通をきっかけに、東京の西側の宅地開発がどんどん進んでいったという。

その後一八九九（明治三二）年には、新橋〜品川間に新路線が開通し、品川線もここを走るようになって乗客も増えた。そしてその四年後には、常磐線に直通して池袋〜田端《たばた》間を結ぶ豊島線が開通した。

「山手線」という名前が生まれたのはこのときのことで、品川線と豊島《としま》線がそう呼ばれるようになったのだ。さらにその三年後には、田端〜上野間に山手線専用の線路が開通する。

それでもまだ、丸い円を描く環状運転ではなかった。一九一九（大正八）年には万世橋《まんせいばし》（現在は消滅）〜東京間が開通したが、上野〜東京間がつながらない。この区間は、当時すでに市街地となっており、そのための高架線も建設していたものの、まだ完成に至らなかったのだ。そこで、山手線は中野まで乗り入れ、「の」の字を書くように走ることになる。

つまり山手線は、中野からスタートして新宿、御茶ノ水、万世橋と東に進み、そこから南下しながら東京、新橋、品川を経て、渋谷を通りつつ北上してもう一度新宿を通り、池袋、田端、上野を通る路線ということになったわけだ。

ようやく上野〜東京間がつながり、現在のような環状線ができるようになったのは一九二五（大正一四）年になってからのこと。山手線は、六年間は「の」の字形の「半環状運転」がつづいていたのである。

西武線に四〇年ものあいだ「休止中」の路線があった！

西武鉄道といえば、埼玉県と東京都を地盤とする大手私鉄である。西武新宿線、西武池袋線などの複数の路線を有し、一七九・八キロの総延長を誇る。

そんな西武鉄道に、西武安比奈《あひな》線という幻の路線が存在することを知っているだろうか。本川越駅の一駅手前の南大塚駅から入間《いるま》川河岸の安比奈駅を結ぶ三・二キロの路線なのだが、この路線は、なんと四〇年ものあいだ休止状態となっているというのだ。

西武安比奈線の開通は、一九二五（大正一四）年とかなり古い。一九二三（大正一二）年の関東大震災によって破壊された首都圏復興用の資材として、入間川の川砂利を運ぶために敷設されたという。終点の安比奈駅は、入間川河川敷の砂利積み出し専用駅となり、機関車や軽貨車がたくさん使われていたという。

終戦後、安比奈線は電化路線となったが、一九六四（昭和三九）年、自然保護などの観点から川砂利の採取が全面禁止となる。これにより、安比奈線の存在意義がなくなってしまったため、一九六七（昭和四二）年には営業停止の手続きがとられた。

しかし、営業停止となってからも線路設備や架線柱は全線にわたって残された。現在、南大塚駅からゆっくりと左にカーブしてのびるレールには雑草が生い茂り、近くの国道一六号線の踏み切りで寸断されている。

では、安比奈線が廃線ではなく、休止線として放置されたままになっているのはどうしてなのだろうか。

これは長いあいだ謎とされてきたのだが、じつは、西武鉄道としてはいずれ再開しようという意図をもっていたらしい。廃線にしてしまうと手続きが面倒になるため、休止に留めたのだという。

事実、復活話も出たようだが実現はせず、安比奈線が再び日の目を見ることはなかった。そして近年は、国土地理院の地形図からも削除されてしまっている。

二〇〇六（平成一八）年には、西武鉄道の企画によって「安比奈線を歩く」というイベントが開催された。ふだんは立ち入り禁止のところが多い幻の路線なので、鉄道ファンにはたまらない催しだったという。

現在はまだ、安比奈線廃止の噂は聞こえてこない。今後の同線の行方が気になるところだ。

電光掲示板は「東海道線」、時刻表は「東海道本線」。どっちが正しい!?

東京と神戸を結ぶ東海道線は、新橋～横浜間に日本で最初に開通した路線として知られている。現在は日本の大動脈路線となっており、支線を含めた路線距離は総延長七一三・六キロにもおよぶ。日中に全区間を通して運転しているのは貨物列車のみで、大都市圏の近郊輸送に重点が置かれているが、日本の交通輸送の発展に大きな貢献をしてきたことに変わりはない。

しかし、この東海道線には不可解な点がある。駅の電光掲示板を見ると「東海道線」と出ているのに、時刻表にはなぜか「東海道本線」と記されているのだ。同じ路線にもかかわらず、なぜ記載が違っているのだろうか。

また、会社要覧の路線図にはＪＲ北海道、ＪＲ東海、ＪＲ九州の多くの路線に本線という名がついているが、ＪＲ東日本とＪＲ西日本には本線とついていない。ＪＲ各社は、どんな基準にもとづいて「本」とつけているのか。

じつは、「本」がつく路線は国鉄時代の幹線だったことを示している。逆に「本」がつかないものは本線に属する「支線」だ。旧国鉄は、全国の路線をいくつかの本線グループとそのグループに属する支線群とに分け、その分類をもとに管理していたのである。

ところが、一九八七（昭和六二）年に国鉄が民営化されると、本線と支線という分け方に無理が生じた。一本の本線がべつべつの会社になってしまうケースがあらわれたからだ。

たとえば、ＪＲ本線は東京〜熱海間がＪＲ東日本、熱海〜米原間がＪＲ東海、米原〜神戸間がＪＲ西日本という具合に、現在はそれぞれ管轄が分かれている。しかも、ＪＲになってからは、本線に幹線の意味をもたせていないのだという。

そうした事情があったため、ＪＲのほとんどの会社が各線から本線の記載を取ってしまったのである。

ただし、「本線」といったほうが住民たちに親しみを与えるという理由から、国鉄時代の慣習を踏襲し、看板に「本線」と表記しつづけている地域もある。ＪＲとしても、それを厳しく指摘しないというのが現状のようだ。

なんで「駅」の字が二つ重なる？「湖遊館新駅《こゆうかんしんえき》駅」という駅名

駅名にはふつう「駅」という文字はつかない。たとえば、東京駅の正式名称は

「東京」、上野駅なら「上野」となる。

ところが、正式名称が「○○駅」というように、「駅」で終わる駅がある。それは、島根県を走る一畑《いちばた》電気鉄道の「湖遊館新駅駅」である。ガイドブックでこの駅名を見つけたら、誤植と勘違いする人も少なくないはずだ。

この駅の正式名称は「湖遊館新駅」といい、「東京駅」のように語尾に駅をつけると「湖遊館新駅駅」になってしまうというめずらしい駅なのだ。

この駅ができたのは、一九九五（平成七）年一〇月一日のことで、まだ比較的新しい。スケートセンターをメインとした総合屋内運動施設「平田市（現・出雲市）立宍道《しんじ》湖公園湖遊館」の建設にともない、アクセス整備の必要性に迫られた市が、全額負担によって開設した。

このように、地元で敷設費用を負担してできた駅を請願駅という。駅を設置することで、周辺地域の利益につながるケースが多いため、最近はとくに増えている。

一畑電気鉄道に請願駅ができるのははじめてのことで、電鉄側としても新しい駅をアピールしたかった。そこで、駅名にあえて「新駅」を入れ、「湖遊館新駅」としたそうだ。

「駅」の文字が二つ並ぶことについては反対の声も上がったらしいが、「駅」をとって「湖遊館新」とするのもおかしいということで、「湖遊間新駅駅」に決定したという。

ところが、正式名称が「新」で終わる駅も現実に存在する。福井鉄道の福井新駅と武生新駅である。これらは「駅」をとってしまうと「福井新」「武生新」となり、駅の正式名称を知っていると、少し違和感を覚えるはずだ。

「駅」の文字が二つ並ぶ駅名は、現在のところ「湖遊館新駅駅」しかない。今後、対抗馬が出現することがあるのだろうか。今後の成り行きを静かに見守りたいところだ。

上越新幹線中山トンネル内の不自然なカーブはどうしてできたのか？

一九七二（昭和四七）年に内閣総理大臣となった田中角栄は、上越新幹線の実現に力を注いだ。地元新潟と東京を一時間半で結ぶ新幹線は、まさに彼の悲願だったのである。

東北新幹線が開通したのは一九八二（昭和五七）年六月。同年の一一月には田中元総理の上越新幹線も開通し、国内のアクセスがグンとよくなった。

新幹線が開通するとダイヤ改正が必要となるが、東北新幹線と上越新幹線の開業日は四か月余りしか離れていない。そのため、当初は東北新幹線と上越新幹線を同日に開業させる予定だった。国鉄も田中元総理もそう考えていたという。

しかし、上越新幹線の工事が遅れたせいで同時開業が難しくなってしまう。工事が遅れた理由は中山トンネルの建設が思うように進まなかったからだ。

この上越新幹線は、別名「モグラ新幹線」と呼ばれる。高清水、榛名《はるな》、中山などの長いトンネルの軌道は総延長の三九パーセントを占め、一〇六キロにもおよぶ。とくに、高崎～上毛《じょうもう》高原間にある延長一四・八五キロの中山トンネルは、「上越の牙」と呼ばれるほど難しい工事現場とされていた。

一九八〇（昭和五五）年三月八日、その中山トンネル中央地点付近で異常出水が発生し、それまでに掘った区域が水没するという大きなアクシデントが起こった。作業員はポンプを使って必死に水をくみ出したが、水没した区域はどうにもならず、急遽《きゅうきょ》ルートを変更するはめになる。その結果、水没した場所を迂《う》回するために新幹線では異例ともいえる、半径一五〇〇メートルのカーブをつくることになった。

新幹線は速度が命。それなのに、路線に大きなカーブがあっては減速は避けられない。上越新幹線の開通までには、こうした紆余曲折があったのだ。

中山トンネルのアクシデントは、工事をせかされたための設計ミスによるものだった。一九八二（昭和五七）年一一月一七日付の朝日新聞には、「事前調査の不十分さが指摘される。公団幹部は『まだかまだかと催促され、工事計画も提出して一週間で認められた』といい、専門家は『中山トンネルのような複雑な地形を半年ほどの調査で読みとるのは不可能だ』と述べた」と記されている。

結局、上越新幹線の工期は当初の予定を六年近くオーバーし、建設費も予定の四八〇〇〇億円をはるかに上まわる一兆七〇〇〇億円にも達した。これが、国鉄の累積赤字を膨れ上がらせたことはいうまでもない。

赤字額が飛躍的に増大して火の車となった国鉄は、先に完成した東北新幹線を寝かせておくわけにはいかず、東北新幹線と上越新幹線はべつべつに開通することになった。

夏休み前に開業させれば、ふだんよりもたくさんの人が新幹線を利用する。そこで、東北新幹線だけでも先に開業したほうがよいと判断されたのだろう。

山陽新幹線の終点は博多駅ではなかった!?
謎の「博多南駅」の正体とは!?

新大阪と博多を結ぶ山陽新幹線は、一九七二（昭和四七）年三月に新大阪〜岡山間が開業し、一九七五年（昭和五〇）年には岡山〜博多間が開業した。それ以来、西日本の交通の大動脈として活躍している。

その山陽新幹線で新大阪から博多へ向かうと、「のぞみ」なら二時間半ほどで博多に着く。ここが終着駅だ。

ところが、じつは終着駅の博多よりも先に謎の駅が存在する。「博多南駅」である。一般にはほとんど知られていないこの駅は、地元住民の要望によって誕生した。

博多南駅のある那珂《なか》川地区には、もともと新幹線の車庫が置かれていた。そのため回送列車は行き来していたのだが、回送列車だから当然一般の人々は利用できない。

那珂川地区への交通手段はバスしかなかったのだ。

そこで住民たちは、「この回送列車を通勤や通学に使えるようにしてほしい！」とＪＲ側に強く要望するようになる。それに応えたＪＲは、新幹線の線路と車両を活用し、一九九〇（平成二）年にこの区間の営業を開始。それにともない、博多南駅が新たな駅として生まれたのである。

現在、博多駅と博多南駅のあいだには、博多南線という路線が走っている。その扱いは在来線だが、新幹線の線路を走るためすべて特急だ。ただし、距離も短く指定席もないので、ＪＲの特急列車では唯一愛称がつけられていない。また、駅の所属もＪＲ九州ではなくＪＲ西日本になっている。これも、新幹線の線路を利用したことによって起きためずらしい現象といえるだろう。

博多駅と博多南駅の所要時間はわずか一〇分。それまでバスや電車を乗り継いで福岡方面に出ていた人々にとっては、利便性が大幅にアップした。

そして、博多南駅のある那珂川町は、近年ベッドタウン化が進み、人口増加が著しいという。その背景には、博多南線の開業によって交通が便利になったことがあげられる。博多南駅が誕生したときに三万八〇〇〇人余りだった人口は、二〇〇七

（平成十九）年八月現在で四万九〇〇〇人まで増加している。回送列車の有効利用が、町の発展をうながしたのである。

なぜかホームのど真ん中に巨大なクスノキがドーンと立っている不思議

大阪にある萱島《かやしま》という地名は、カヤやアシが茂っていた寝屋《ねや》川の中洲《なかす》に由来するが、もともとこの地には人が住んでいなかった。人々は、付近の村々から農作をしにこの地へ通っていたのだが、時が経つにつれて徐々に移り住みはじめ、一九六五（昭和四〇）年頃からは住宅が増加していったという。

そんな萱島の最寄り駅が、京阪電鉄の萱島駅だ。大阪府の寝屋川市と門真《かどま》市にまたがるこの駅は、高架複々線の近代的なつくりをしているが、はじめて訪れた人はべつの意味で驚くに違いない。

なんと、駅の真ん中に巨大なクスノキが生えているのだ。高さ約二〇メートル、周囲約七メートルのこの大きなクスノキは、樹齢およそ七〇〇年ともいわれる古木。ホームからは見えないが、改札口の外から見てみると、根元部分に「萱島神社」のほこらがある。じつはこのクスノキ、古くから地元の人に親しまれている萱島神社のご神木なのだ。

しかし、そんなご神木がなぜ駅のなかに生えているのだろうか。

この路線はもともと地上を走っていて、クスノキも駅のそばに生えていた。だが、そのうち輸送力を増強するために土居～寝屋川間を高架複々線にしようという計画がもち上がる。その際、どうしてもクスノキが邪魔になり、伐採が検討された。

はじめは高架のホームを建設するためには「切るのはやむをえない」ということ

萱島駅ホームを貫く巨大なクスノキ

になっていたという。しかし、なんとか切らないでほしいという要望が住民から京阪電鉄に寄せられると、京阪電鉄は住民たちの声を受け入れ、クスノキを残したままで新しい駅舎を建てることにした。その結果、巨大なクスノキがホームと屋根を突き抜けるという世にもめずらしい駅になったのである。

自然の大木と近代的建造物が融合した萱島駅は、一九八三（昭和五八）年に「第三回大阪都市景観建築賞」の奨励賞を受賞したほか、花博では大阪府の「緑の百選」にも選ばれている。また、巨大クスノキが与える緑と安らぎが評価され、「近畿の駅百選」にも認定された。

建築としても緑のスポットとしても評価の高い萱島駅。一度訪れてみる価値はありそうだ。

寺院が運営する国内唯一の鉄道路線、鞍馬《くらま》山鋼索《こうさく》鉄道

京都市北部にある鞍馬山は、「牛若丸」こと源義経《よしつね》が幼少時をすごした山として

も知られている。南東の斜面一帯は鞍馬寺の境内となっており、義経の時代から守られてきた豊かな自然が広がっている。

ここには日本で唯一、宗教法人の経営する鉄道が存在する。鞍馬山の山門駅と山上の多宝塔駅を往復する鞍馬山鋼索鉄道だ。その距離わずか〇・二キロ、乗車の所要時間は二分。平均斜度二七度という急勾配の坂をケーブルカーがゆっくりと進んでいく。車窓の両側には朱色の燈籠が並び、杉木立とともに目を楽しませてくれる。そんな小ぢんまりとした路線だが、国土交通省の監督下におかれた立派な「鉄道」なのである。

ケーブルカーは参拝者の利便をはかる目的で、信徒らの協力を得て敷設された。車両は牛若号Ⅲ一台のみで、乗務員の服装も作務衣《さむえ》姿。ドアの開閉や安全確認をする車掌の役目だけを担い、運転操作はしていない。そして運賃の代わりに、堂塔を維持するための協力金一〇〇円を「愛山料」という名目で寄進することになっている。

車両もユニークなつくりをしており、車輪がゴムタイヤでできている。『鉄道　珍名所三十六景　関西編』（所澤秀樹）によれば、国土交通省管轄下の鋼索鉄道（ケーブルカー）としては唯一の存在かもしれないということだ。

運行の仕組みはつるべ式になっていて、ケーブルの片方に車両がつながり、反対におもりがついている。操作は山上の運転室に詰めている巻上手《まきあげしゅ》と呼ばれる職員が担当している。

座席数一六の小さな牛若号。その車体はけっして大きいものではないが、一九八九（平成元）年一〇月には京阪本線が出町柳《でまちやなぎ》までのびて叡山《えいざん》電鉄に乗り換えられるようになり、鞍馬山へのアクセスが格段によくなった。これによって大阪方面からの入山者も急増したというから、存在感は抜群に大きいのだ。

「あふん」「いや」という艶《つや》っぽい名前の駅があった！

鉄道路線には変わった名前の駅がいろいろあるが、日本には「あふん」「いや」という艶っぽい名前の駅もある。車内放送で「次はあふん〜、あふん〜」などとアナウンスされては「なにかエッチなイベントでもあるのだろうか？」などといろいろ想像をかき立てられてしまいそうだが、どちらもべつにイヤらしい駅ではないのであらかじめ断っておきたい。

「阿分《あふん》駅」はＪＲ北海道の留萌《るもい》本線にある。北海道の地名はアイヌ語を漢字に当てたものが多いが、阿分もその例に漏れず、アイヌ語起源とされている。

阿分の地名のもとになったと考えられるアイヌ語は三つある。一つめは「入りこみたる」を意味する「アフニ」。一八九七（明治三〇）年に発行された五万分の一の地図にもこの地名が記されていたという。

二つめは「磯の岩」を意味する「アフシラリ」。現在も増毛《ましけ》と留萌のあいだにはアップシラリという川が流れているが、この川の名前から阿分の名がつけられたともいわれている。

そして、もっとも信憑《しんぴょう》性のある説が「黄泉《よみ》の国の入り口」を意味する「アフン・ル・パロ」で、これを簡略化した「アフンイ」が起源ではないかという。事実、かつてこの付近には「アフン・ル・パロ」という名前の洞窟が三つあったとされるが、現在は土木工事の影響で一つも残っていない。

一方、「揖屋《いや》駅」はＪＲ西日本の山陰本線にある。揖屋という地名の起源は古代にまでさかのぼる。揖屋町は伊佐那岐尊《いざなぎのみこと》・伊佐那美尊《いざなみのみこと》にゆかりのある土地で、『古事記』にはこの町の名が「伊賦夜《いふや》」と、『出雲風土記』には「伊布夜《いふや》」と書かれている。

さらに、神社について記録した『延喜式神明帳』には「この地は神代の都出雲にあって黄泉への通路」とあり、伊邪那岐尊もこの道を通って黄泉の国（夜見の国）へ行ったといわれている。そこから、伊賦夜を夜見の国の神霊に会釈する地の意味で「揖」の字を採用し「揖夜」と記した。そして、会釈する場所という意味で「夜」と「屋」と書いたものと思われる。

両駅はエッチな駅などではけっしてなく、「黄泉の国」を名前の起源とする〝ダークサイドな駅〟だったのである。

海抜一三四五・六七メートル、JRでは日本一高い場所にある駅「野辺山《のべやま》駅」

JR小海《こうみ》線は山梨県北杜《ほくと》市の中央本線小淵沢《こぶちざわ》駅と、長野県小諸《こもろ》市のしなの鉄道小諸駅を結んでいる。「八ヶ岳高原線」の愛称でも知られるように、路線の大部分は海抜一〇〇〇メートル以上の高原地帯を走る。そのため、JRの高地駅ベストテンのなかに、じつに九つもの駅がランクされているのだ。

そんな高原鉄道の高所駅のなかで、もっとも高い場所にあるのが佐久郡南牧村の野辺山駅だ。どれくらい高いのかというと、なんと海抜一三四五・六七メートル。富士山の五合目が約一四五〇メートルだから、そのすごさがわかるだろう。ＪＲ鉄道路線の駅では日本一高い場所に建てられた「ＪＲ最高駅」なのである。

この野辺山駅には「ＪＲ線最高駅野辺山　標高一三四五米六七」という木造標識が設置されていて、定番の記念撮影スポットになっている。また、教会風の駅舎も人気が高い。

さらに、野辺山駅から二〇分ほどのところには、国立天文台野辺山宇宙電波観測所が建っている。ここでは巨大なパラボラアンテナが宇宙に向けて設置されており、望遠鏡をのぞくことも可能だ。

ＪＲでもっとも高く、パラボラアンテナにほど近い駅。野辺山駅は〝宇宙にいちばん近い駅〟といえるのかもしれない。

ところで、ＪＲの最高地点はどこか。それは、清里駅と野辺山駅のあいだにある踏切付近で、海抜は一三七五メートルもある。注意しないと見すごしてしまうだろうが、ここには「野辺山高原日本鉄道最高地点　標高一三七五米」という石標が立てられている。

なお、野辺山駅が「日本最高駅」ではなく「JR最高駅」といわれる理由は、ケーブルカーやロープウェイなども鉄道に分類されるためだが、こうした鉄道の駅のなかにはもっと高いところがたくさんある。たとえば、駒ヶ根ロープウェイの千畳敷《せんじょうじき》駅は、海抜二六一二メートルという日本でもっとも高い位置にある駅だ。こうしたことから、野辺山駅は「JR」の最高駅と表現されるというわけだ。

本書は、書き下ろし作品です。

伝説』加藤知弘 関口シュン（福音館書店）／『竹内均の日本の地誌』竹内均（ニュートン・プレス）／『博学紀行 宮城県』市川正己監（福武書店）／『松島町誌』（松島町）／『日本列島地図の旅』大沼一雄（東洋書店）／『江戸・水の生活誌』尾河直太郎（新草出版）／『東京・地理の謎』正井泰夫監（双葉社）／『都市が滅ぼした川』加藤辿（中央公論社）／『ぼくは毒ガスの村で生まれた。あなたが戦争の落とし物に出あったら』化学兵器CAREみらい基金編著 吉見義明監（合同出版）／『隠されてきた「ヒロシマ」－毒ガス島からの告発』辰巳知司（日本評論社）／『大阪学』大谷晃一（経営書院）／『今と昭和の移りかわりがわかる 最新日本地図』清水靖夫監（日本文芸社）／『地名の秘密』古川愛哲（経済界）／『川崎の地名』日本地名研究所（川崎市）／『日本の鉄道 各駅停車の旅』原口隆行（ダイヤモンド社）／『関東の名駅 途中下車』原口隆行（世界文化社）／『列島縦断 へんな駅!?』『列島周遊もっとへんな駅!?』『鉄道 珍名所三十六景 関西編』所澤秀樹（山海堂）／『日本の鉄道こぼれ話』沢和哉（築地書館）／『失われた鉄道100選』南正時（淡交社）／『鉄道廃線跡を歩く』宮脇俊三（JTBパブリッシング）
【ホームページ】叡山電鉄／JR東日本／みなかみ町／島根県／那珂川町／横浜市鶴見区／山陰中央新報／東京都公文書館／北海道新聞／全国市長会／富士山本宮浅間大社／漁村文化協会／ノアすさみ／秋田県／東奥日報／三好町／豊見城市／海上自衛隊／大和市／日立市／葛飾区／豊島区／五所川原市／貨幣博物館／財団法人あしたの日本を創る協会／長野市商工会／沖縄市／阪神甲子園球場／湯布院町／サッポロビール／恵比寿ガーデンプレイス／堺市／西脇市／全国へそのまち協議会／三重県／舟橋村／富山新聞／富山県商工会連合会／日本海洋開発建設協会／天橋立観光協会／沖縄県／天保山山岳会／国土交通省河川局／宮古島ナビ／信濃川河川事務所／田辺市立図書館／なかへち観光協会／大分市／弟子屈町／熊本県観光連盟／苓北町／国土地理院／社団法人日本海洋開発建設協会／東京都廃棄物埋立管理事務所／大潟村／安延山承福禅寺／小笠原村／岡山県／クボタ／内閣府／山北町／留萌支庁／アイヌ民族情報センター／社団法人日光観光協会／四国新聞／北山村／高山市／日本海事広報協会／遠山郷観光協会／天竜市商工会／海上保安庁／京都新聞／国立天文台／NHK／北海道／神奈川県立生命の星・地球博物館／秋葉原電気街振興会／岐阜県博物館
【取材先】JR東日本広報部／川崎市教育委員会文化財課／世田谷区役所／小坂町役場総務課／函南町生涯学習課／なかへち観光協会／大分市文化財課／北海道財務局／松島町教育委員会／宗像大社／増毛町役場／東出雲町役場／五所川原市役所
●写真提供：天橋立観光協会／竹富町役場／京阪電気鉄道

下記の文献・資料等を参考にさせていただきました。

『クイズで楽しもう ビックリ！意外日本地理』宇田川勝司、『この駅名に問題あり』楠原佑介（草思社）／『今がわかる時代がわかる 日本地図』正井泰夫監（成美堂出版）／『「日本地理」おもしろ雑学』増田幸弘（日東書院）／『日本地理の雑学事典』『日本地理がわかる事典』『日本の地名雑学事典』『日本の地名がわかる事典』浅井建爾、『早わかり日本史』河合敦、『もっと知りたい 日本の山』石井光造、『東京の地名がわかる事典』鈴木理生編著、『日本の鉄道雑学事典』南正時（日本実業出版社）／『47都道府県地名うんちく大全』八幡和郎、『保存版 地図で知る平成大合併』、『山名の不思議』谷有二（平凡社）／『最新 全国市町村名事典』、『コンサイス日本地名事典』谷岡武雄監（三省堂）／『合併市町村あのまちこのまち 東日本編』（日本広報協会）／『コンパクト版 日本地名百科事典』浮田典良 高橋伸夫 中村和郎（小学館）／『新潟の？（はてな）』朝日新聞新潟支局編著（新潟日報事業社）／『地名の魅力』谷川彰英（白水社）／『日本の渚・百選』「日本の渚・百選」中央委員会編（成山堂書店）／『日本地図探検術』正井泰夫 中村和郎 山口裕一、『鉄道「歴史・地理」なるほど探検ガイド』川島令三 岡田直編著（PHP研究所）／『山名・用語事典』、『世界山岳百科事典』（山と溪谷社）／『京都なるほど事典』清水さとし、『汽車旅 雑学おもしろノート』所澤秀樹、『地図を楽しむなるほど事典』今尾恵介（実業之日本社）／『東京・江戸 地名の由来を歩く』谷川彰英（KKベストセラーズ）／『図説 歴史で読み解く日本地理』河合敦監（東京書籍）／『日本のフシギ 英語で解明』松本美江（NOVA）／『日本地図雑学クイズ王』博学QA委員会編、『図説 駅の歴史 東京のターミナル』交通博物館編（河出書房新社）／『地名の由来を知る事典』武光誠、『鉄道駅と路線の謎と不思議』『新幹線の謎と不思議』梅原淳、『JR・第三セクター 全駅名ルーツ事典』村石利夫（東京堂出版）／『豊島区の歴史』林英夫、『世田谷区の歴史』荻野三七彦（名著出版）／『日本の地名』吉田茂樹、『日本の鉄道』西本裕隆（ナツメ社）／『青森県の歴史散歩』青森県高等学校地方史研究会、『神奈川県の歴史』神崎彰利他（山川出版社）／『歴史探訪 地図から消えた「東京の町」』福田国士（祥伝社）／『銀座わが町』銀芽会編（白馬出版）／『徹底図解 戦国時代』榎本秋（新星出版社）／『京都府の不思議事典』井本伸廣 山嵜泰正編、『東京都の不思議事典〈上巻〉』樋口州男他編、『日本列島 なぞふしぎ旅 関西編』山本鉱太郎（新人物往来社）／『函館山』宗像英雄（北海道テレビ放送）／『地名の研究』柳田國男（角川書店）／『たけしの万物創世紀（幻冬舎）／『日本地図のたのしみ』（角川学芸出版）／『この一冊で東京の地理がわかる！』正井泰夫監（三笠書房）／『海に沈んだ島 幻の瓜生島

「地図の読み方」特捜班
国内外を問わず、ふだん目にするさまざまな地図から得られる「情報」や「疑問」をわかりやすく解明・発表していくことを目的に、少人数の熱狂的地図フリークを集めて結成した特命組織。幅広い情報網とフットワークの軽さを活かした独特の切り口は、とくに定評がある。おもな著書に、『世界地図のおもしろい読み方』(扶桑社文庫)がある。

日本地図のおもしろい読み方
発行日　2008年3月5日　第1刷

編　者　「地図の読み方」特捜班
発行者　片桐松樹
発行所　株式会社 扶桑社
〒105-8070　東京都港区海岸1-15-1
TEL.(03)5403-8859(販売)　TEL.(03)5403-8870(編集)
http://www.fusosha.co.jp/

印刷・製本　共同印刷株式会社
装丁・デザイン　竹下典子
作図　株式会社スプーン

万一、乱丁落丁(本の頁の抜け落ちや順序の間違い)のある場合は
扶桑社販売宛にお送りください。送料は小社負担にてお取り替えいたします。

ISBN978-4-594-05602-5
Printed in Japan(検印省略)
定価はカバーに表示してあります。